AF435628

EL CABALLO DE ESPARTO

(GUION PARA EL LECTOR DE NOVELAS)

RAFAEL ANDARIAS

A mi familia

ÍNDICE

¿POR QUÉ NO SE SUELEN PUBLICAR LOS GUIONES DE CINE?
(a modo de introducción)

Desde que escribo guiones cinematográficos me pregunto por qué no se suelen publicar. La respuesta obvia es porque el guion está concebido como un instrumento de trabajo, siendo el texto a partir del cual trabajan el productor, el director, los actores, el director artístico, el director de fotografía... y todo el equipo que interviene para que una película se lleve a cabo. De hecho, los escasos guiones que podemos ver expuestos en las librerías son adquiridos por cinéfilos, guionistas y estudiantes de cinematografía (en todas sus modalidades) revelando que su interés es únicamente para vinculados con el mundo del cine.

Es sabido que los numerosos guiones que no llegan a rodarse por diversas razones (proyectos costosos, falta de interés por parte de las productoras hacia determinados temas y, por qué no mencionarlo, la carencia de una industria cinematográfica en nuestro país), se quedan en los cajones de los guionistas. No debemos olvidar tampoco aquellos que llegan a rodarse pero que luego no se distribuyen, los que se proyectan solo en festivales y los que llegan a algunas salas aunque permaneciendo en cartel tan pocos días que pasan desapercibidos. Además, hemos de señalar que ganar o ser finalista de un concurso de guiones no implica que se vaya a rodar (de hecho es lo que desgraciadamente casi siempre sucede).

En cuanto a la mencionada carencia de una infraestructura cinematográfica, en el caso concreto de los guionistas se traduce en la ausencia de asociaciones profesionales que defiendan sus derechos y en la falta de agentes o representantes que "muevan los guiones" con el fin de que el guionista se dedique a lo suyo que es escribir y no a emplear el tiempo en ir tras las productoras.

El ánimo que impulsa esta introducción y, por ende, el presente libro es que estoy firmemente convencido de que muchos de estos guiones son buenas historias que merecerían ser conocidas por el gran público. En cierto modo, los escritores de guiones están en desventaja en comparación con los de novelas. Aunque, no hay duda de que no todas las novelas poseen una calidad suficiente para publicarse, los novelistas tienen el camino más fácil: a parte de los consagrados y de quienes ganan un premio literario de los muchos concursos que se convocan, siempre tienen la posibilidad de recurrir a la ayuda de un ayuntamiento, una diputación o a una entidad cultural.

Llegados a este punto, uno puede plantearse si el guion como tal es un texto que se pueda denominar literario, comparable a la novela, la poesía, el ensayo o la obra de teatro. En mi opinión no hay duda en este sentido. Buscando de nuevo la similitud con la novela, la modalidad literaria más cercana, el guionista realiza una labor exactamente igual que la del novelista: encontrar una idea que sustente la historia, trabajo de documentación, búsqueda de localizaciones, creación de la trama y las subtramas, así como la de los personajes, todo ello articulado en un impulso dramático dentro de una estructura.

Por otra parte, el guionista debe ajustarse a un formato determinado (los guionistas trabajamos con plantillas). Así, una película no debe sobrepasar, por regla general, las dos horas, traduciéndose a nivel práctico en que una página equivale a un minuto. Es decir, el guionista debe realizar un arduo trabajo de síntesis. Una regla de oro es que un guion debe ser preciso y conciso.

Estimado lector, el guion que tiene en sus manos (o en su pantalla), *El caballo de esparto*, no se ha rodado. Varias productoras lo conocen y espero que algún día alguna se decida a llevar el proyecto adelante; pero, mientras tanto, deseo que la historia se conozca, pues creo que merece la pena (aunque, ¡cómo un padre va a hablar mal de su hijo!).

Antes de pasar al texto, le he preparado unas normas básicas para acometer su lectura, en el supuesto de que usted no tenga por costumbre leer guiones cinematográficos.

LA LECTURA DE UN GUION CINEMATOGRÁFICO

Como ya he mencionado anteriormente, el guion cinematográfico, aunque tiene elementos en común con la novela, es bien diferente a ésta en cuanto a su concepción de escritura. Indico a continuación los puntos que considero más relevantes para afrontar con éxito esta modalidad literaria.

- En primer lugar, un guion de cine es ante todo UNA HISTORIA CONTADA EN IMÁGENES. Dicho de otra manera: "lo que se lee" es "lo que se ve" en la pantalla en ese momento. Antes comenté que un guion debe ser conciso y preciso, pero en realidad faltaba un tercer elemento: el VISUAL. Éste último es muy importante, pues si un guion no es visual, ¡mejor escribir una novela! A buen seguro que mi amigo lector pensará que al leer una novela también se imagina su desarrollo en su mente; pero en el guion, como comprobará al iniciar la lectura de *El caballo de esparto*, lo visual es esencial y omnipresente en casi todas sus páginas.

- Dado que "lo que se lee" es "lo que se ve", la escritura del guion es siempre en tiempo presente (otro punto que lo diferencia con la novela).

- Con respecto a que es "conciso y preciso", esto implica que se ha de ser muy minucioso y exquisito con la elección de las palabras: las exhibiciones y florituras literarias no pertenecen a esta modalidad de escritura. ¡Los adjetivos están casi prohibidos!

- Aunque, anteriormente comentamos que una página equivale a un minuto de película, esto es en el formato estándar de DIN-4. En nuestro libro, al tener que adaptarse el texto a otro formato, la equivalencia aproximada sería de una página y media a un minuto.

- Las localizaciones deben ser generales, y solo debemos especificarlas si lo requiere la historia. Por ejemplo, si una secuencia tiene lugar en un bosque, no tenemos que mencionar uno determinado, ni de qué tipo de árboles es, ni contar los hechos históricos que allí sucedieron, etc., si no lo requiere el argumento.

- En cuanto a los personajes, con decir los rasgos físicos y de personalidad que sean característicos y necesarios para conocerlos es suficiente. No hay que describirlos minuciosamente como se hace en una novela (¡no debemos complicar la vida al director y a los del casting!), sino hacerlo con unas pocas palabras (tres o cuatro). Otro elemento fundamental en cuanto al personaje cinematográfico es que su esencia es la acción y que su carácter se manifiesta por lo que hace.

- Los diálogos también han de ser precisos, cortos y no redundantes. La ortodoxia de los grandes gurús de guiones recomienda ¡no sobrepasar las tres líneas de diálogo!, aunque está claro que esto es relativo, variando según el género y tipo de escena. Además, como los diálogos han de ser dichos por actores, se deben buscar palabras que no sean difíciles de pronunciar, que no suenen mal, que no hayan cacofonías ni cosas por el estilo, etc. Si no se hace así, el mismo actor o actriz lo cambiará, señal de que el guionista (y el director) han fallado. Como vemos, la forma de abordar los diálogos constituye otra gran divergencia con la novela.

- Salvo excepciones, no se menciona nada de música (únicamente se indica en historias que así lo exijan). Las imágenes deben sugerirla y que sea el profesional correspondiente quien la elija o componga: cada uno a lo suyo. Durante la lectura descubrirá que determinadas escenas, sobre todo las de sin diálogos, deberían ir acompañadas por música: imagine en su cabeza una que le vaya bien.

- Como es sabido, la historia se desarrolla mediante escenas. Cada una muestra en el encabezamiento el espacio y el lugar donde se desarrolla:

  -¿Dónde tiene lugar?: Exterior (EXT) o Interior (INT), especificando brevemente la localización.

  -¿Cuándo se desarrolla?: DÍA, NOCHE, AMANECER, etc.

- Dado que un guion es –como ya dijimos– un instrumento de trabajo para todos los que intervienen en el desarrollo de una película, existen algunos términos y abreviaturas expresamente cinematográficos que deben ser conocidos para entender el texto. No son demasiados y conforme se vaya acostumbrado a ellos irá comprobando que el placer por la lectura de un guion no tiene nada que envidiar al de una novela. Los mas frecuentes son:

  - O.S. es la abreviatura de "Off Screen" (fuera de la pantalla) que aparece tras el nombre del personaje. Quiere decir que ese personaje, aunque está presente en la escena y oímos su voz, no le vemos en ese momento en la pantalla. (A veces, se emplea OFF, aunque no es exactamente lo mismo).

  - Entra EN CUADRO o sale DE CUADRO, quiere decir que algo o alguien aparece o sale de la imagen o pantalla; y ATRAVIESA EL CUADRO, es justo eso, que lo cruza de parte a parte. (Campo y cuadro son equivalentes).

  - CÁMARA BUSCA: La cámara busca una parte de la imagen y se va centrando sobre ese sitio.

  - ÁNGULO SOBRE o SOBRE: el objetivo de la toma.

> P.D.V. Es el punto de vista de un personaje, "lo que sus ojos ven". Es decir, lo que ve él, es lo que enfoca la cámara.

> EN MOVIMIENTO. Esto quiere decir que la toma (de la Cámara o de P.D.V.) se realiza en movimiento.

> MANTENER y PAUSA tienen un significado similar: indica que se mantiene la imagen durante unos momentos. Suele expresar emoción, incertidumbre…

> Los sonidos van en mayúsculas para que resalten en la lectura. (Los de sonido y efectos especiales es lo que primero buscan cuando miran el texto).

> El nombre de un personaje cuando aparece por primera vez va en mayúsculas.

> Con el fin de facilitar la labor del equipo a veces se indican ejemplos actuales, a modo de comparación, aunque la historia esté enmarcada en una época pasada. (Por ejemplo, en un guion de la época de los romanos se podría describir a un personaje con los términos de "con el pelo a lo Bob Marley").

Por último, con respecto a la lectura del guion recomiendo hacerlo sin prisas, tratando de recrear en la mente, a modo de pantalla de cine, la historia que se va leyendo.

EL CABALLO DE ESPARTO

Guion cinematográfico

de

Rafael Andarias

1. INT. CATEDRAL GÓTICA – DÍA

Norte de Francia, primavera de 1224. El interior de una catedral gótica en construcción avanzada, revestida de andamiajes con sus rampas, escalas, poleas y grúas. Los trabajadores se afanan en un día cualquiera.

Cerca de la portada principal hay dos hombres con atuendo distinguido: un ARQUITECTO FRANCÉS, sesenta años, que está tendiendo un estuche a GONZALO, de espaldas, aparentemente más joven.

Las manos de Gonzalo cogen el estuche, forrado en terciopelo granate y de unos setenta por treinta centímetros.

NOTA: EL DIÁLOGO ES EN FRANCÉS SUBTITULADO.

> ARQUITECTO FRANCÉS
> ¡Ábrelo! ¡Ábrelo!

Las manos lo abren. Contiene una escuadra y un compás.

> GONZALO
> ¡Es magnífico!...

> ARQUITECTO FRANCÉS
> Quiero que lo aceptes en recuerdo mío.

Gonzalo cierra el estuche, extiende su mano y estrecha la del arquitecto.

> GONZALO
> Gracias, maestro.

Gonzalo, al que seguimos sin verle la cara, se aleja hacia la portada, que está abierta de par en par. El arquitecto se gira hacia él.

ARQUITECTO FRANCÉS
¡Que construyas muchas catedrales en tu país!

Gonzalo se despide con la mano, sale y va hacia un caballo que hay en la entrada. Guarda el estuche en las alforjas, monta y parte. El ÁNGULO SE ELEVA y BUSCA el rosetón con los rayos del sol atravesando su vidriera.

2. EXT. VARIOS PAISAJES

Gonzalo avanza en dirección sur a lo largo de varios días.

1. La vereda de un bosque. Los rayos del sol se filtran entre las ramas formando veladuras, luces y sombras. El jinete irrumpe de entre los árboles y desaparece por la vereda.

2. Cruza el puente de un río.

3. Un prado. ATRAVIESA EL CUADRO a medio galope.

4. Bordea el mar (golfo de Vizcaya), que queda a su derecha, con el ocaso del sol en el horizonte.

5. Una aldea, al crepúsculo. Se detiene en una posada.

3. EXT. CAMINO / CAMPOS DE CEREALES – PRIMERAS HORAS DE LA MAÑANA

Se acerca por un camino solitario entre tierras sin cultivar y se detiene en primer término, mirando algo que ha atraído su atención. Por primera vez lo vemos bien: veinte años, atractivo, aire simpático, emana seguridad. Esboza una sonrisa.

Su P.D.V. Los cultivos de cereales que como un inmenso mar verde se pierden en la lejanía. La brisa mueve las espigas como si fueran olas. El radiante día resalta el contraste entre el azul del cielo y el verde de los campos.

Cierra los ojos e inspira lentamente, tratando de captar mejor su olor. Luego, abre los ojos, como si volviera en sí.

Espolea el caballo y se aleja entre los campos de cereales.

Leemos en sobreimpresión:

REINO DE CASTILLA, 1224

4. EXT. CAMINO – MÁS TARDE

Avanza por un camino más transitado. Se cruza con VARIOS JINETES, DOS LABRIEGOS a pie y UN BOYERO conduciendo un par de bestias unidas por su yugo. Sobrepasa a UN PEREGRINO del Camino de Santiago.

Ve que más adelante, en su misma dirección, van cuatro mulas en fila india cargadas de forraje hasta los topes que dejan ver las cabezas de sus cabalgadores, salvo la última, donde no se ve ninguna cabeza, y que va retrasándose. Gonzalo se extraña.

Acelera la marcha, se sitúa en paralelo a esa mula y la mira. La guía un NIÑO de unos diez años que se ha quedado dormido. Ante tan tierna estampa, sonríe, lleva su mano a una bolsa que lleva atada a la montura, coge un fruto seco y se lo arroja con gracia al cuerpecito.

El niño hace un aspaviento, se despierta y mira a su alrededor desorientado, hasta que lo descubre.

Gonzalo le guiña un ojo, pero enseguida cambia su expresión por una de falsa seriedad, al tiempo que se sienta erguido, cogiendo las riendas con pose exagerada.

El niño observa su retraso, sonríe y lo imita.

Gonzalo le devuelve la sonrisa. Pica espuelas y adelanta a las mulas que conducen un PADRE y sus TRES HIJOS.

5. EXT. CAMINO – MÁS TARDE

Se detiene en una bifurcación del camino y mira dudando por cuál seguir. Unos segundos después, toma uno de ellos.

6. EXT. ENTRADA A UNA CIUDAD – MEDIODÍA

Se trata de Burgos, aunque nunca se menciona expresamente. Personas de todo tipo y condición entran o salen de la ciudad.

Gonzalo aparece entre el gentío. Cabalga despacio, contemplando complacido la animación. Algunos lo saludan, y él les corresponde con un gesto. Se adentra en la ciudad.

7. EXT. CALLEJA – POCO DESPUÉS

Avanza por una sombría calleja.

8. EXT. PLAZUELA – A CONTINUACIÓN

Una recogida plazuela por la que pasan una MADRE y su HIJA CASADERA llevando capazos con verduras. Gonzalo aparece por una bocacalle, procedente de la calleja, dobla la esquina y se detiene frente a una casa de dos plantas. Recorre la fachada con la mirada, desde abajo hasta uno de los ventanales de la primera planta. En ese momento, la madre y la hija pasan cerca de él y le echan una mirada cotilla.

Desmonta, coge la bolsa y se la pone en bandolera. Ata las riendas a una argolla del muro y se dirige hacia la puerta.

9. INT. CASA DE ELENA / TIENDA – A CONTINUACIÓN

Una tienda de telas y tapices. Detrás del mostrador, una mujer, de espaldas, dobla un vistoso pañuelo sin percatarse de que Gonzalo se le aproxima sigilosamente. De pronto, éste hace un RUIDO al mover un taburete. La mujer se vuelve y le sonríe al descubrirlo. Es ELVIRA, cuarenta años, aire bondadoso. Gonzalo se lleva el índice a los labios, para que guarde silencio, y mira hacia arriba, preguntado con el gesto si hay alguien allí. Ella asiente con complicidad.

Gonzalo va hacia una puerta de la trastienda.

10. INT. CASA DE ELENA / VESTÍBULO Y ESCALERA – A CONTINUACIÓN

Entra en un vestíbulo y enfila una escalera. Sube los peldaños de dos en dos, silenciosamente.

11. INT. CASA DE ELENA / RELLANO Y PASILLO – A CONTINUACIÓN

Llega a un pasillo y se dirige a una puerta.

12. INT. CASA DE ELENA / SALA DE ESTAR – A CONTINUACIÓN

Unas manos de mujer bordan con gracia. Nos llega el GRITERÍO de unos niños procedente de la plazuela.

Gonzalo entra. La estancia, que tiene una ventana que da a la plazuela, es acogedora. Va con sigilo hacia la mujer que está de espaldas sentada en una silla. Ella no le oye llegar. Cuando está detrás, le tapa los ojos con las manos. Una sonrisa se dibuja en la cara de la mujer. Ella pone sus manos sobre las de él, y las desliza suavemente hacia abajo para sentir su tacto y aroma que le son familiares.

                    ELENA
                    ¡¿Gonzalo!?

Él retira las manos. Ella se pone en pie y se vuelve hacia él. Es ELENA, recién salida de la adolescencia, dulce y bonita.

Están frente a frente. Se sonríen. Gonzalo la coge de las manos y las eleva poco a poco, aproximándolas, al tiempo que sus cuerpos se van pegando. Luego, se besan y se abrazan.

                    ELENA
                    ¡Cómo te he echado de menos!

                    GONZALO
                    Yo también, pero ya no tendré que dejarte
                    nunca más...

Ella lo mira sorprendida.

                    GONZALO
                    Ya soy arquitecto.

                    ELENA
                    ¡Oh! cariño, es maravilloso.

Un momento después, se separan. Gonzalo saca una cajita de la bolsa y se la da. Ella la abre y ve que contiene una pulsera. Deja la cajita en la silla, se la pone y extiende el brazo para verla mejor.

                    ELENA
                    ¡Es preciosa!

Le da un beso y luego va hacia un arcón. Saca un estuche de madera y se lo tiende.

                    ELENA
                    Yo también tengo algo para ti.

Él lo coge y lo abre: es un juego de plumas de escribir de ave, caña y
metálicas, con su tintero.

                    GONZALO
                    ¡Son magníficas! Ahora solo me falta
                    encontrar trabajo.

                    ELENA
                    Ya verás cómo pronto lo tendrás.

Gonzalo cierra el estuche y lo deja sobre el arcón.

                    GONZALO
                    A tu madre la vi muy bien, ¿y tus hermanos?

                    ELENA
                    Alfonso en el mercado, no creo que tarde, y
                    Juan con sus amiguitos.
                    (mira hacia la ventana)
                    ¿No los oyes?

                    GONZALO
                    Cuando llegué no estaban.

                    ELENA
                    (sonriendo)
                    Estarían de "cabalgada".

Elena le coge de la mano y se asoman a la ventana.

13. EXT. PLAZUELA – A CONTINUACIÓN

TRES CHAVALES de unos ocho años juegan con unos caballos de
palo. Seguimos a uno de ellos: JUAN, expresión viva y cara de

trasto. Es el que más corre, el que más grita y el más divertido. Sobre su imagen, oímos la voz de Elena:

                    ELENA (O.S.)
                    ¡Juan!

El niño sigue a lo suyo, sin oírla. Elena alza más la voz.

                    ELENA (O.S.)
                    ¡Juan! ... ¡Juan!

Ya por fin, Juan se vuelve y mira hacia la ventana. Inmediatamente, deja el caballo de palo tirado en el suelo y sale disparado hacia la casa. En la carrera, roza a una MUJER que lleva una cesta de mimbre repleta de huevos, estando a punto de tirárselos.

                    MUJER
                    ¡Eh, niñooo...!

Los otros dos niños se miran con cara de pillos, lamentando que los huevos se hayan salvado.

14. CASA DE ELENA / SALA DE ESTAR – A CONTINUACIÓN

La pareja ríe. Luego, Gonzalo la coge de las manos y le dice muy serio.

                    GONZALO
                    Nos casaremos este verano.

Ella, sorprendida, tarda unos instantes en reaccionar.

                    ELENA
                    ¿Has visto ya a tu padre?

Terminando de hacer la pregunta, OÍMOS las ZANCADAS de Juan subiendo veloz por la escalera. Gonzalo vuelve la cabeza hacia la puerta, evadiendo la respuesta. El niño irrumpe en la sala y corre hacia Gonzalo.

                    JUAN
                    ¡Gonzalo!

Gonzalo se inclina para recibirlo. El niño da un bote y se lanza sobre él, abrazándolo con brazos y piernas, como si de un chimpancé se tratase.

                    JUAN
                    ¿Me has traído avellanas?

                    GONZALO
                    (frunciendo el ceño)
                    ¡Ejem! ¡Ejem!... ¿Ya sabes leer?

El niño asiente y mira a Elena, esperando su conformidad. Ésta le sonríe. Luego, vuelve a mirar a Gonzalo.

                    JUAN
                    ¡Y escribir!

                    GONZALO
                    Bueno, eso está bien.

Juan se baja. Gonzalo echa mano a la bolsa, saca un puñado de avellanas y se las da. Juan se lleva una a la boca.

Entran Elvira y ALFONSO, veinte años, cordial, aspecto responsable.

                    ALFONSO
                    ¿Ya se han cansado de ti los galos?

GONZALO
Quién no aguantaba era yo.

Se dan un apretón de manos a lo romano.

ALFONSO
Nos alegramos de verte.

GONZALO
Y yo también a vosotros.

Se separan.

GONZALO
(a todos)
Bueno, debo irme ya.

ELVIRA
¡Qué pronto nos dejas, Gonzalo!

GONZALO
Sí, doña Elvira, ya va siendo hora de dejarme
ver por el castillo.

Gonzalo mira a Elena. Es la respuesta a su pregunta que había
quedado en el aire.

15. INT. CASTILLO DE DON PEDRO / SALÓN – NOCHE

El rostro de Gonzalo. Está escuchando a su padre, DON PEDRO.

DON PEDRO (O.S.)
Y ahora que estás aquí con nosotros,
tenemos algo que decirte.

Se hallan en el salón de un castillo castellano con una mesa
rectangular dispuesta para la cena. Están don Pedro, presidiendo,

cincuenta años, con barba, aire severo y prototipo de noble castellano; BLANCA (su hermana), sesenta años, afable pero enérgica; VERMUDO, cincuenta años, clérigo, aire avieso; y Gonzalo.

GONZALO
Padre, me tienes impaciente.

Un sirviente con un aguamanil, una jofaina y una toalla aparece en el salón.

DON PEDRO
Cuando quieras puedes empezar a trabajar en la catedral... ¿Qué, qué me dices?

GONZALO
Eso sí que es una buena noticia. No me esperaba esto, y nada más llegar.

DON PEDRO
Es lo que siempre has deseado, ¿no?

El sirviente se aproxima a Gonzalo. Éste le hace un gesto con la mano para que espere. El sirviente obedece.

GONZALO
Sí, pero no me explico cómo sabías que iba a volver ya.

DON PEDRO
Tu maestro de Francia escribió al obispo recomendándote para las obras. Él aceptó y enseguida se lo hizo saber...
(mira al clérigo)
...al padre Vermudo.

Gonzalo sonríe para sí al recordar su despedida del maestro.

VERMUDO
Sabes que su reverencia aprecia mucho a
vuestra familia.

DON PEDRO
Así que ya sabes, cuando quieras puedes
empezar.

Gonzalo hace una seña al sirviente y éste se acerca. Pone las manos y
empieza a lavarse.

DON PEDRO
Pero has de saber, Gonzalo, que las cosas
pueden cambiar.

Termina de lavarse, se seca con la toalla y se la devuelve al sirviente.

GONZALO
No te comprendo, padre.

El sirviente va por todos los comensales para el lavado de manos,
mientras sigue la conversación.

DON PEDRO
Soplan vientos de guerra.

Otro criado trae una bandeja de asado y la deja en la mesa.

GONZALO
¿No estamos en tregua?

DON PEDRO
Veo que no ha llegado a tus oídos la muerte
del califa...

GONZALO
¿Cuándo?

DON PEDRO
A primeros de año, en Marrakech. Desde entonces hay revueltas al sur de Hispania... En lo que ellos llaman al-Ándalus... Se rumorea en la corte que algún bando nos pedirá ayuda.

GONZALO
Eso nunca lo entenderé. ¿Los moros son amigos o enemigos?

Todas las miradas convergen en don Pedro.

DON PEDRO
Ya sabes que nuestras relaciones con ellos son, digamos,...
(sopesando)
...de conveniencia, pero esta vez es diferente. Es *vox populi* que el rey Fernando tiene en mente reanudar la reconquista.

GONZALO
¿Y?

DON PEDRO
El imperio almohade está dividido. Sus luchas por el poder les hace ahora más débiles que nunca. Nadie duda que el rey no dejará pasar esta oportunidad...

Gonzalo termina la frase.

GONZALO
...y declarará la guerra.

Don Pedro asiente y continúa.

DON PEDRO
Las naciones del norte tienen las cruzadas
para liberar los Santos Lugares. Nosotros
también tenemos la nuestra... Y llevamos ya
cinco siglos. Cada pueblo de la Cristiandad
tiene su deber para con la Historia.

Don Pedro mira a Gonzalo fijamente a los ojos durante unos
instantes...

DON PEDRO
Si te lo pidiera, ¿estarías dispuesto a unirte a
mi mesnada?

GONZALO
Padre, de sobra sabes que no soy hombre de
armas.

El diálogo que hasta ahora se ha desenvuelto de buenas maneras,
cobra en tensión. Nadie empieza a comer.

DON PEDRO
Sabes que nuestra familia siempre ha estado
con la corona cuando nos lo ha pedido, fuera
en Atapuerca o en Las Navas.

GONZALO
A buen seguro que en Castilla hay miles de
caballeros prestos a defenderla mucho mejor
que yo.

DON PEDRO
Espero que detrás de esas palabras no se
esconda la cobardía.

GONZALO
(molesto)
No digas eso nunca más. Si algún día se me necesita, no dudes que allí estaré. Pero quiero que sepas lo que pienso.

Vermudo mira a don Pedro y después a los demás.

VERMUDO
(ladino)
¿Pero qué más da, honrar al rey yendo a luchar contra los sarracenos que a Dios construyendo templos?

GONZALO
(al clérigo; con firmeza)
Padre Vermudo, si el rey me lo pide, Dios puede esperar.

Vermudo se queda cortado. Don Pedro se dispone a increpar a su hijo, cuando Blanca tercia para apaciguar los ánimos.

BLANCA
Bueno, bueno... lo que tenga que ser, será. Empecemos, antes de que el asado se enfríe.

Empiezan a cenar. Tras un largo silencio:

BLANCA
Gonzalo, no nos has hablado de tus planes.

GONZALO
No sé a qué te refieres.

BLANCA
A tu edad, tu padre ya llevaba un año desposado con tu madre.

VERMUDO
¡Que Nuestro Señor tenga siempre en su gloria!

GONZALO
¡Qué bien me conoces, tía Blanca!

Todos lo miran expectantes.

GONZALO
Pues sí, está en mis planes casarme...

Deja la frase en el aire. Padre e hijo se miran: saben que la paz toca a su fin.

GONZALO
(con determinación)
...con Elena.

DON PEDRO
(irritado)
¿Aún no te has olvidado de esa?

Gonzalo le clava los ojos y le responde muy enojado.

GONZALO
¿Cómo osas hablar con ese desprecio de ella, si ni siquiera la conoces?

DON PEDRO
Y no lo haré jamás, es una campesina.

GONZALO
(indignado)
¡No es una campesina!, son comerciantes. Ellos también hacen grande a Castilla, más que muchos nobles amigos tuyos que viven del sudor de los demás.

Gonzalo, ignorando a su padre, mira a su tía y al clérigo.

>   GONZALO
>   Disculpadme... Tía, padre, buenas noches.

Su tía lo mira con un gesto de pesar.

Gonzalo se levanta y abandona el salón. Don Pedro lo sigue con la mirada encendida.

16. EXT. RÍO – DÍA

Gonzalo y Elena se hallan en la ribera de un río. Ella está sentada apoyada en un árbol y él tumbado con la cabeza sobre su regazo con una expresión muy seria. Al fondo, sus caballos sueltos.

>   ELENA
>   Trabajar en la catedral era tu sueño para cuando regresaras, no te cansabas de repetírmelo.

>   GONZALO
>   Sí, pero no es eso.

>   ELENA
>   (le acaricia el pelo)
>   Entonces, no entiendo por qué estás así.

>   GONZALO
>   Antes de partir esta última vez, mi padre me confesó que la mayor alegría que podría darle a mi vuelta era que fuera a ver al alférez real para pedirle la mano de su hija.

>   ELENA
>   ¿Por qué no me lo dijiste?

GONZALO

No le hice ni caso. Pensé que a mi llegada ya se le habrían pasado sus ambiciones en la corte.

GONZALO

Y anoche, mi tía, para animar la conversación, me preguntó si tenía preparativos de boda. Y cuando te nombré, mi padre no sabes cómo se puso... Me levanté y me fui.

ELENA
(conciliadora)
Ya verás, como al final cambia... Tampoco quería que fueras arquitecto y luego le pareció bien.

GONZALO
Espero que tengas razón, pero si no, me da igual.

Se incorpora, se sienta su lado y le da un beso. Luego, algo le llama la atención en el cuello de Elena. Le retira un poco el vestido y ve que tiene dos manchas blanquecinas en la piel de unos tres centímetros de diámetro.

GONZALO
¿Y eso?

Elena gira la cabeza y, aunque no las llega a ver, se las señala con el dedo, sabiendo donde están.

ELENA
¡Ah! sí, me salieron al final del verano.

GONZALO
¿Al poco de marcharme?

ELENA
Sí.

GONZALO
¿Te las ha visto alguien?

ELENA
No, no te preocupes, no es nada... Serán del
sol.

GONZALO
De todas maneras habría que verlo.

ELENA
¡Qué cabezota eres! Seguro que enseguida
vas a preguntarle a Diego.

Gonzalo sonríe.

17. INT. TABERNA – ATARDECER

Unas manos sirven vino de una jarra en una copa y la llevan a la
boca. Es DIEGO, sesenta años, inspira confianza. Da un sorbo.
Enfrente se halla Gonzalo. Están sentados en una mesa apartada de
una taberna compartiendo una jarra de vino. Un tabernero sirve a la
escasa clientela que se encuentra a esas horas. OÍMOS las
CANCIONES de un juglar que, en el otro extremo, canta las hazañas
de El Cid, acompañándose de su laúd, que inundan el lugar de una
atmósfera nostálgica.

DIEGO
(sin levantar la voz)
Siento decírtelo y no quiero asustarte, pero…
por lo que me dices es lepra...

GONZALO
(incrédulo)
¿Qué?

DIEGO
Sí, lepra.

Gonzalo casi no puede articular palabra.

GONZALO
Pero deberías verla para estar seguro.

DIEGO
No, no es preciso. No hay ninguna duda,
estoy seguro... He visto muchos casos y
todos empiezan así, con manchas blancas.

GONZALO
Pero si solo tiene dos y no le duelen... Ella
está bien.

DIEGO
Eso poco importa.

GONZALO
¿No te entiendo?

DIEGO
No hay cura... De momento, nadie las notará,
pero el verano se acerca y los vestidos no
podrán ocultarlas... Y no olvides que, con el
tiempo, las manchas se extienden y muchas
se ulceran... Lo único que hacemos es
aislarlos para que no extiendan el mal.

Bebe un sorbo.

DIEGO
Y además, debería dar parte, esta
enfermedad cae bajo la jurisdicción de la
Iglesia, pero no hace falta que te diga que no
lo haré.

Diego le pone un momento la mano en el hombro en señal de afecto.
Gonzalo niega estupefacto con la cabeza. SOBRE su rostro seguimos
oyendo a Diego.

DIEGO (O.S)
Y desgraciadamente para ella, esto no acaba
aquí... Dentro de unos días hay cerca de aquí
una "separación de leprosos". Deberías ver lo
que le espera.

18. EXT. CATEDRAL ROMÁNICA / FACHADA PRINCIPAL – DÍA

Un dibujo sobre pergamino de la fachada principal de la actual
catedral gótica de Burgos, pero sin las edificaciones laterales, ni los
pináculos de las torres. En un extremo está escrito SANCTE
ECCLESIE BURGENSIS. Sobre esta imagen, oímos las voces de un
ARQUITECTO CASTELLANO, cuarenta años, locuaz y dinámico;
y de Gonzalo, que habla y se conduce tratando de disimular su estado
anímico.

ARQUITECTO CASTELLANO (O.S.)
¡Aquí está! ¡La primera de Castilla en el
nuevo estilo!

GONZALO (O.S)
Me recuerda a Nôtre Dame de París.

La mano del arquitecto entra EN CUADRO y señala encima de las
torres.

ARQUITECTO CASTELLANO
Sí, pero ésta, con las agujas, será más bella y
esbelta. Aunque eso es trabajo de otro
arquitecto, yo ya tengo bastante con terminar
el ábside.

Gonzalo y el arquitecto están examinando el pergamino, sujeto por
DOS AYUDANTES situados a los lados, echan a andar. Se hallan
delante de la fachada principal de la primitiva catedral románica de
Burgos. Echan a andar hacia un lateral.

GONZALO
(mirando la fachada)
¿Y cuando se desmontará ésta?

ARQUITECTO
Más adelante. Aprovecharemos los muros y
contrafuertes para levantar la moderna. ¡Hay
que ahorrar "maravedís"!

19. EXT. CATEDRAL GÓTICA / OBRAS DEL ABSIDE –
POCO DESPUÉS

UN GRUPO DE OBREROS están levantando el muro exterior del
ábside que alcanza unos seis metros de altura. Gonzalo y el
arquitecto aparecen por las obras y se detienen.

ARQUITECTO CASTELLANO
¿Qué te parece? ¡En menos de tres años! A
este paso, aún podrás casarte ahí. Porque
alguna dama...
(le guiña un ojo).
...te estará esperando. ¿No?

A Gonzalo le coge de sorpresa el comentario. Sonríe y asiente
forzadamente.

GONZALO
¡Claro!

Dan unos pasos y se paran junto a UN CANTERO que está labrando un sillar.

ARQUITECTO CASTELLANO
Tendrás varios cometidos
(señala el sillar)
Supervisarás el corte de los sillares...
Tendrás escuadra...

GONZALO
Y compás.

ARQUITECTO CASTELLANO
Bien, bien... Revisarás también los planos que te vaya dando.

GONZALO
¿Dónde?

El arquitecto señala un cobertizo de madera techado de paja y abierto por delante. En su interior, UN ARQUITECTO AYUDANTE dibuja sobre una mesa de caballete.

ARQUITECTO CASTELLANO
Allí tendrás tu mesa.

Gonzalo asiente. El arquitecto ve que el OBISPO Y SU SÉQUITO aparecen por las obras.

ARQUITECTO CASTELLANO
Tengo que dejarte, su reverencia querrá que le ponga al día. Te espero la semana que viene.

20. INT. ERMITA – DÍA

NEGRO.

Una tela negra en movimiento cubriendo algo. Poco a poco, la forma se perfila: es un velo negro cubriendo una cabeza.

Ya descubrimos el lugar. Un LEPROSO, humildemente vestido, avanza despacio por el pasillo central de una ermita. Los fieles, unos sentados en banquetas y otros de pie en los laterales, lo miran en silencio con un gesto de temor reverencial.

Delante del altar se hallan tres clérigos con las palmas juntas en señal de oración: en medio el CLÉRIGO 1, la alta dignidad que dirige la ceremonia; y a los lados el CLÉRIGO 2 y el CLÉRIGO 3. En un lateral hay un MONAGUILLO portando una cruz, en el otro una mesa con una pala y una cesta con tierra, y delante un reclinatorio cubierto con una tela negra.

Gonzalo y Diego observan, junto a una columna.

El leproso se arrodilla en el reclinatorio. El clérigo 1 va a por la cesta y la pala, coge una paletada y dejar caer la tierra sobre la cabeza del leproso.

La tierra se desliza entre los pliegues del velo. Sobre esta imagen, oímos al clérigo 1, alzando la voz con un tono tenebroso y lento.

> CLÉRIGO 1 (O.S.)
> Sic mortuus mundo. Vivus iterum Deo.

Leemos en subtítulos: ESTÁS MUERTO PARA EL MUNDO. CUANDO MUERAS VOLVERÁS A VIVIR CON DIOS.

Diego susurra a Gonzalo al oído.

> DIEGO
> Es tierra del cementerio. Simboliza el enterramiento en vida.

Gonzalo escucha atónito, negando con la cabeza.

> DIEGO
> Es el Ritual de París. Se sigue en todo el mundo.

El clérigo 1 entrega la pala y la cesta al clérigo 2. El clérigo 3 coge un libro del altar y se lo tiende al clérigo 1. Éste lo abre y lee.

> CLÉRIGO 1
> Te prohíbo para siempre entrar en esta iglesia, en el mercado, en el molino o en cualquier reunión, y estar en compañía de persona sana...

21. INT. ERMITA – POCO DESPUÉS

El leproso arrodillado.

> CLÉRIGO 1 (O.S)
> Y de ahora en adelante, comerás y beberás solo o en compañía de leprosos.

Los otros dos clérigos se acercan al leproso con unos ropajes negros y una vara con un cencerro. Uno le destapa la cara. Es un hombre de unos cuarenta años.

UNA MUJER de su edad, y UN CHICO y UNA CHICA, entre doce y catorce años, lo miran con los ojos llorosos.

El leproso, entre compungido y desorientado, mira hacia atrás y los ve. Se cruzan miradas.

Los clérigos le hacen una seña para que se ponga en pie. Lo visten con un sayal, una capucha negra, unos guantes y le entregan la vara.

Gonzalo, indignado, no aguanta más.

> GONZALO
> ¡Vámonos!

Dan media vuelta, mientras oímos:

> CLÉRIGO 1 (O.S.)
> ... Sé muy prudente y ten paciencia. ¡Qué el Señor sea contigo!

22. EXT. ERMITA / ALREDEDORES – MÁS TARDE

Gonzalo y Diego se hallan en una loma, mirando la ermita que está en una explanada a un centenar de metros.

Una procesión sale del recinto encabezada por el monaguillo con su cruz, seguido por el leproso, los clérigos y los feligreses. OÍMOS el TINTINEO del cencerro.

Los ojos de Gonzalo clavados en la escena. Un momento después, mira a Diego.

> DIEGO
> En algunos lugares, la ceremonia sigue en el cementerio que es aún peor...

Deja la frase en el aire.

> GONZALO
> No me imaginaba que fuera algo así... ¡Es inhumano!

> DIEGO
> Muchos piensan como tú, pero callan. Todos temen a La Iglesia... Aunque la verdad es que también temen a la enfermedad.

Vuelven a mirar hacia la ermita.

> GONZALO
> ¿Adónde lo llevan?

> DIEGO
> A las covachas. Ese desgraciado no tiene dinero.

> GONZALO
> ¿Y Elena?

> DIEGO
> A ella la admitirán en el lazareto, podrás visitarla cuando quieras... No hace falta que te diga que los leprosos tienen prohibido el matrimonio y tener hijos.

El rostro de Gonzalo invadido por una profunda tristeza.

Diego le coge los hombros entre sus manos.

> DIEGO
> Sé que es difícil para ti, pero debes aceptarlo.

Gonzalo se muerde los labios tratando de evitar el llanto.

23. INT. CASA DE ELENA / TIENDA – DÍA

Elena está despidiéndose de un matrimonio de unos cincuenta años. Él lleva un rollo de seda.

ELENA
Estén seguros de que les gustará.

ESPOSO
Pero es muy cara.

ELENA
¡Es seda auténtica!

La mujer coge a su marido del brazo.

ESPOSA
No le haga caso, los hombres solo saben de
armas. Si fuera una espada le parecería
barato.

Se dirigen a la salida. Cuando van a cruzar el umbral, se topan con
Gonzalo que les cede el paso amablemente. Entra Gonzalo. Su
seriedad contrasta con el ánimo de Elena.

ELENA
Se les casa la hija y...

Elena se da cuenta de su semblante.

ELENA
¿Cómo te fue por la catedral?

GONZALO
Muy bien.

ELENA
Pues nadie lo diría.

GONZALO
Tengo que decirte algo.

Elena va hacia la puerta.

ELENA
Por hoy ya está bien.
(cierra la puerta)
Vamos arriba.

24. INT. CASA DE ELENA / SALA DE ESTAR – UN POCO MÁS TARDE

Gonzalo tiene a Elena entre sus brazos. Ella está llorando.

MANTENER el momento.

ELENA
¿Pero cómo puede estar tan seguro?

GONZALO
Ha visto ya demasiados casos.

ELENA
Contra esto no podemos luchar... Todo se acabó.

GONZALO
No voy a permitirlo, no nos separarán nunca... Te lo prometo.

El rostro pensativo de Gonzalo.

25. EXT. CASTILLO DE DON PEDRO – ANOCHECER

Un castillo medieval sito en un llano. Gonzalo cabalgando entra EN CUADRO y se aleja hacia allí.

26. INT. CASTILLO DE DON PEDRO / PASILLO – NOCHE

Gonzalo aparece por la esquina de un pasillo, al tiempo que su tía sale por una puerta. Los dos se paran.

> BLANCA
> Siento lo de la otra noche.

> GONZALO
> Tarde o temprano, se hubiera sabido.

> BLANCA
> ¿Cómo está Elena?

> GONZALO
> Bien.

> BLANCA
> Es una buena chica y muy guapa.
> (le guiña un ojo)
> Dale un beso de mi parte.

> GONZALO
> Así lo haré, tía Blanca.

Blanca le da un sentido abrazo.

> BLANCA
> De veras que lo siento.

27. INT. CASTILLO DE DON PEDRO / ALCOBA – MÁS TARDE

El rostro de Gonzalo, inmóvil, con los ojos abiertos y sin parpadear. Un tremendo debate se libra en su interior. Está tumbado en su cama mirando al techo pensativo. Sobre una mesa están los estuches de terciopelo y de madera, y un candelero.

Su P.D.V. El techo con las caprichosas sombras del vaivén de las llamas del candelero.

Su rostro.

28. EXT. MONTAÑA / CABAÑA – DÍA (FLASHBACK)

El rostro de GONZALO NIÑO, a los doce años, con el gesto de hacer un esfuerzo. Está arrastrando a duras penas un pesado tronco. De pronto, oye los lejanos gritos de una niña.

> ELENA NIÑA (O.S.)
> ¡Gonzalo! ...¡Ven! ¡Corre!

Gonzalo suelta el tronco y echa a correr por una vereda. Llega a un claro, desde donde se divisan los cultivos de cereales, y ve a ELENA NIÑA, de unos nueve años, lloriqueando, sentada en el suelo, delante de una cabaña que están construyendo con troncos y ramas. Se agacha a su lado.

> GONZALO NIÑO
> Elena, ¿qué te ha pasado?

> ELENA NIÑA
> (cogiéndose el tobillo)
> Me lo he doblado.

> GONZALO NIÑO
> Llamaré a Diego.

Se levanta como un resorte dispuesto a salir corriendo.

> ELENA NIÑA
> ¡No!..., es nuestro lugar secreto.

>GONZALO NIÑO
>Sí, él te curará.

>ELENA NIÑA
>Por favor, no te vayas, tengo miedo.

29. EXT. MONTAÑA / CABAÑA – POCO DESPUÉS (FLASHBACK)

Avanzan dejando atrás la cabaña. Ella se apoya en él, andando a la pata coja.

>ELENA NIÑA
>Gonzalo, eres un buen novio.

>GONZALO NIÑO
>¿Por qué?

>ELENA NIÑA
>Porque un buen novio nunca deja sola a su novia.

30. EXT. MONTAÑA / CABAÑA – DÍA (PRESENTE)

Gonzalo y Elena están sentados en el suelo delante de la cabaña, ya desmoronada.

>ELENA
>¡Es una locura!

>GONZALO
>Iremos al sur, a las tierras ganadas a los moros. En La Mancha se necesitan repobladores. Nos haremos pasar por recién casados, nadie se extrañará.

Se levanta y la coge de la mano, poniéndola en pie. Luego, mira la cabaña.

> GONZALO
> Construiremos nuestra propia casa.

Elena también la mira.

> GONZALO
> Trabajaré haciendo casas para los colonos.

> ELENA
> Pero, tarde o temprano se enterarán de lo mío.

Él la rodea con su brazo por la cintura, ella apoya la cabeza en su hombro y echan a andar.

> GONZALO
> Viviremos apartados, no sabrán nada.

> ELENA
> ¿Y mi enfermedad?

> GONZALO
> Yo te cuidaré, Diego me enseñará.

Unas lágrimas asoman por el rostro de Elena.

> ELENA
> No, Gonzalo, no.

Se detienen. Él le empieza a acariciar el pelo.

> GONZALO
> ¿Sabes lo que te espera si te quedas? No puedo soportar que te humillen. Es nuestra única posibilidad.

Ella niega con la cabeza.

                    ELENA
          Debes dejarme, trabajas en la mayor obra de
          Castilla. No lo sacrifiques todo por mí...
          Eres joven, conocerás a otra. Yo estoy
          enferma y además puedo contagiarte.

Él la abraza.

                    GONZALO
          ¡No!, no te abandonaré...

Ella le da un beso en los labios. Saca un pañuelo de un bolsillo y se
seca las lágrimas. Se cogen de la mano con los dedos entrelazados y
siguen caminando. La expresión de Elena revela que está a punto de
decidirse.

                    ELENA
          ¿Y nuestras familias?

                    GONZALO
          Los tuyos deben saberlo, en ellos podemos
          confiar. Si viviera tu padre, seguro que lo
          aprobaría.

Ella asiente con tristeza. Dan media vuelta y van de nuevo hacia la
cabaña.

                    ELENA
          ¿Y no dirás nada a tu familia?

                    GONZALO
          No... Mi padre me lo impediría. Entonces, sí
          tendría vía libre para sus planes... conmigo.

ELENA
¿Ni siquiera a tu tía Blanca?

GONZALO
Yo se lo diría, pero al final mi padre seguro
que se enteraría.

ELENA
Ella nos quiere. Deberías... no sé, decirle
algo...

GONZALO
Le dejaré una nota, pero no le diré la verdad.
Pensará que nos vamos por culpa de mi
padre para estar juntos.

Se detienen junto a la cabaña y se miran unos instantes. Luego, se
abrazan.

31. EXT. CASERÓN DE DIEGO – DÍA

Gonzalo y Diego se hallan delante de la fachada de un caserón a las
afueras de la ciudad. Por el suelo, montones de hierbas medicinales,
bolsas de tela y una silla baja donde el médico debía estar, hasta
hacía unos momentos, ordenando las plantas.

DIEGO
¿Lo habéis pensado bien?

GONZALO
Sí.

DIEGO
¿Sabes que tú también corres riesgo?

GONZALO
No me importa.

                    DIEGO
                    Aunque a ti no te importe, no has de permitir
                    que nadie se le acerque.

Gonzalo asiente.

                    GONZALO
                    ¿Y qué puedo hacer yo cuando le salgan las
                    úlceras?

Diego coge una de las bolsas y se la tiende.

                    DIEGO
                    Las lavarás con sus infusiones y luego las
                    cubrirás con paños limpios.

Gonzalo se queda pensativo unos momentos.

                    GONZALO
                    ¿Hay algo más que se pueda hacer por ella?

                    DIEGO
                    No te comprendo.

                    GONZALO
                    Tal vez, en alguna parte haya alguien que...
                    no sé...

                    DIEGO
                    ¿...que tenga un remedio?

                    GONZALO
                    Sí.

Diego niega con la cabeza.

> DIEGO
> Nadie sabe nada. En Salerno y Montpellier solo enseñan anatomía, los síntomas y poco más. Pero lo que es curar, como en los tiempos de Galeno: fracturas, cirugía, fiebres... pero de lepra, nada de nada, no interesa a los médicos. Es asunto de la Iglesia.

Gonzalo lo mira con frustración.

32. EXT. CATEDRAL GÓTICA / OBRAS DEL ÁBSIDE – ATARDECER

Gonzalo pasea entristecido por las obras de la catedral, a esa hora ya solitarias. Pasa por el cobertizo donde iba a desarrollar su trabajo y se queda mirándolo unos momentos.

33. EXT. CASTILLO DE DON PEDRO / FACHADA – ANOCHECER

Unos criados encienden las antorchas que hay fijadas al muro a los lados del portalón. Aparece Gonzalo a caballo y entra al recinto.

34. INT. CASTILLO DE DON PEDRO / ALCOBA – NOCHE

Noche avanzada de ese mismo día. Gonzalo deambula impaciente por su cuarto. Se acerca a una ventana. Ve que es noche cerrada. Coge los estuches de la mesa, los guarda en unas alforjas que hay por el suelo, se las pone al hombro y va hacia la puerta.

35. EXT. CASTILLO DE DON PEDRO / FACHADA – POCO DESPUÉS

Sale sigilosamente del castillo llevando de las riendas a su caballo. Monta y se aleja.

36. EXT. PLAZUELA – NOCHE – MÁS TARDE

OÍMOS unos CASCOS que se acercan. Aparece por la calleja y desmonta, dejando el caballo atado a la argolla junto al de Elena. Se dirige a la entrada y, cuando se dispone a llamar, la puerta se abre.

37. INT. CASA DE ELENA / TIENDA – A CONTINUACIÓN

Gonzalo entra. Alfonso, que es quien ha abierto, cierra la puerta tras pasar Gonzalo.

Elena y Elvira están abrazadas llorando. Unos instantes después, Elena se separa de su madre, se seca las lágrimas con la mano, coge una tabla que hay sobre el mostrador y se la tiende a Gonzalo. Éste la pone a la luz de unos candeleros. La tabla tiene escrito con letra de niño: GONZALO ARQUITECTO.

> ELENA
> (conteniendo el llanto)
> Era el regalo de Juan para cuando nos casáramos. Quería que lo pusiéramos en la puerta de nuestra casa.

Gonzalo deja la tabla en el mostrador.

> ELVIRA
> ¿Y cómo sabremos de vosotros?

GONZALO
Cuando lleguemos buscaremos la forma de
enviaros noticias nuestras.

Alfonso pasa el brazo por los hombros de su madre.

ALFONSO
Estad seguros de que iremos a veros.
(a su madre; con humor para animar el
momento)
Pero madre, antes tendrás que aprender a
montar a caballo.

Elvira responde sin captar la broma de su hijo.

ELVIRA
¿Y Juan?, él tampoco sabe montar.

Elena increpa a su hermano con un tono de falsa regañina.

ELENA
No le tomes el pelo, Alfonso.
(a su madre; con dulzura)
Podréis venir en carromato, madre.

Todos sonríen nerviosamente.

GONZALO
¿Puedo despedirme de Juan?

ELENA
Pero, no lo despiertes, que te conozco.

38. INT. CASA DE ELENA / ALCOBA – POCO DESPUÉS

El rostro de Juan durmiendo iluminado por el resplandor de unas llamas. Gonzalo y Elena, que lleva un candelero, lo están mirando. Él le da un beso en la frente y luego lo hace ella.

39. INT. CASA DE ELENA / TIENDA – POCO DESPUÉS

Elena, que termina de despedirse de su hermano, abraza a su madre. Luego, va hacia Gonzalo que está esperándola junto a la puerta. Éste coge las alforjas de ella y unas mantas enrolladas que hay por el suelo y abre la puerta.

> ELVIRA
> ¡Cuídala mucho! ¡Id con Dios, hijos míos!

La pareja sale. OÍMOS un RELINCHO.

40. EXT. PLAZUELA – NOCHE - A CONTINUACIÓN

Montan en sus cabalgaduras, cruzan la plazuela y desaparecen por una bocacalle.

41. EXT. VARIOS PAISAJES - DÍA

La pareja cabalga por diversos parajes.

1. Avanzan por un camino con las primeras luces del alba.

2. Cruzan el puente de un río al amanecer

3. Atraviesan unos viñedos por la mañana.

4. Mediodía. Suben por una loma, se detiene en lo alto y desmontan. Gonzalo le pasa el brazo por la cintura y ella apoya su cabeza en el hombro. Contemplan apenados los verdes trigales.

42. EXT. EXPLANADA DEL CASTILLO DE DON PEDRO – MEDIODÍA

Al mismo tiempo. Una flecha se clava en el centro de una diana.

Don Pedro está practicando el tiro con arco en la explanada del castillo. Extiende una mano y un CRIADO le entrega una flecha.

Un jinete se aproxima.

Don Pedro empieza a tensar el arco. Cuando llega el jinete, cede la tensión del arco y se vuelve hacia él: es un EMISARIO REAL. Éste desmonta.

> EMISARIO REAL
> Buena puntería don Pedro.

> DON PEDRO
> No hay nada como la práctica diaria.

Entrega el arco y la flecha al criado.

> DON PEDRO
> ¿Qué trae por aquí al emisario de su majestad?

> EMISARIO REAL
> Un mensaje para su hijo. Don Fernando lo reclama para su mesnada.

Don Pedro no puede ocultar su satisfacción

                    DON PEDRO
                    Parece que el rey haya adivinado mis
                    pensamientos.

                    EMISARIO REAL
                    Quiere dar ejemplo y ha sido el primero en
                    formar sus tropas.

                    DON PEDRO
                    Bajo su mando, toda Hispania será por fin
                    cristiana.

                    EMISARIO REAL
                    Lo será... ¿Dónde puedo encontrar a don
                    Gonzalo?

                    DON PEDRO
                    En las obras de la catedral.

                    EMISARIO REAL
                    Que tenga un buen día.

El emisario monta y parte. Don Pedro hace una seña al criado y éste
le devuelve el arco y una flecha.

El rostro de don Pedro concentrado en hacer puntería. Tensa el arco
y dispara. OÍMOS el ZUMBIDO de la flecha y su IMPACTO.
Muestra una sonrisa de satisfacción.

43. EXT. CAMPO / CAMINO – ATARDECER

Las manos de Gonzalo arrancan una cereza de un racimo y se la lleva
a la boca.

                    ELENA (O.S.)
                    ¿Dónde pasaremos la noche?

Están sentados en el margen de un solitario camino que cruza unos cultivos, reponiendo fuerzas. Gonzalo está pensativo. Ella lo observa, pero sin comer nada.

> GONZALO
> (distraídamente)
> En una posada.

Gonzalo sigue comiendo. Ella coge una ramita y empieza a garabatear en la tierra.

> ELENA
> ¿Puedo saber en qué piensas?

Gonzalo le responde sin mirarla a la cara.

> GONZALO
> No hago nada más que darle vueltas a la cabeza...

> ELENA
> ¿A qué?

> GONZALO
> Debe existir en alguna parte algún remedio que te pueda curar...

Elena suelta la ramita y lo mira enfadada.

> GONZALO
> Cuando lleguemos preguntaré a mercaderes y, si es preciso, yo mismo iré a...

Elena no aguanta más y lo interrumpe.

> ELENA
> ¡Gonzalo! ¡Mírame!

Gonzalo, sorprendido, se vuelve hacia ella.

                    ELENA
                    ¡Ya está bien! Olvida mi enfermedad.
                    Estamos juntos, y eso es lo que importa.

Gonzalo asiente.

                    GONZALO
                    Tienes razón cariño... Es que desde entonces
                    no hago más que pensar en que te pongas
                    bien.

                    ELENA
                    Ya, ya lo sé, pero lo que tenga que ser será.

44. INT. CASTILLO DE DON PEDRO / PASILLO – ATARDECER

Los pies de don Pedro y del padre Vermudo andando por un pasillo.
Oímos sus voces y pronto veremos sus cuerpos.

                    DON PEDRO
                    Se arrepentirá de no cenar con nosotros,
                    tenemos el asado que le gusta.

                    VERMUDO
                    Gracias, don Pedro, pero me acaban de
                    avisar para un oficio mañana mismo. Debo
                    partir y cabalgar sin cesar para llegar a
                    tiempo.

                    DON PEDRO
                    Llegará, padre, llegará. Usted es buen
                    jinete... ¡En fin, otra vez será!

De pronto, OÍMOS unas PISADAS. Se vuelven. Es el emisario real
acercándoseles.

                         DON PEDRO
                         ¿Sucede algo?

                         EMISARIO
                         ¿Está don Gonzalo?

                         DON PEDRO
                         No.

                         EMISARIO REAL
                         Lo he buscado por toda la ciudad, pero nadie
                         sabe de él.

                         DON PEDRO
                         ¿Y en las obras?

                         EMISARIO REAL
                         El maestro arquitecto no lo ha visto.

Don Pedro piensa un momento.

                         DON PEDRO
                         ¡Ah!, debe de haber ido a las canteras... No
                         creo que tarde.

El emisario extrae de un bolsillo un pergamino lacrado y se lo tiende
a don Pedro.

                         EMISARIO REAL
                         Don Pedro, ¿se lo entregará cuando vuelva?

                         DON PEDRO
                         (cogiéndolo)
                         Así lo haré.

EMISARIO REAL
(inclinando la cabeza)
Señores...

El emisario vuelve sobre sus pasos. Don Pedro lo ve marchar con gesto de preocupación. El padre Vermudo se despide también.

VERMUDO
Don Pedro...

Don Pedro, que está ensimismado, no le corresponde. El clérigo, extrañado, da media vuelta y se aleja.

Don Pedro se encamina hacia el salón.

AL FONDO DEL PASILLO

El clérigo dobla una esquina y se detiene al oír la VOZ de Blanca, a quien descubrimos, por vez primera, su carácter enérgico.

BLANCA (O.S)
¡No estará de vuelta!

DON PEDRO (O.S)
¿Qué quieres decir?

BLANCA (O.S.)
Ha dejado una nota. Se ha ido con Elena.

El rostro de Vermudo dibuja una maliciosa sonrisa.

DON PEDRO (O.S.)
(enfurecido)
¿Con esa plebeya? ¡Qué cobardía! Dejar plantado al rey de la nación más poderosa del mundo... ¡Espero que lo busquen y lo metan en las mazmorras más inmundas de Castilla!

BLANCA (O.S)
¿Cómo puedes hablar así de tu hijo?
¡Miserable! ¡Que eres un miserable!

VERMUDO
(para sí)
Y ahora, ni al rey, ni a Dios...

El clérigo cree que ya ha oído bastante y sigue caminando.

45. INT. CASTILLO DE DON PEDRO / SALÓN – A CONTINUACIÓN

Don Pedro da vueltas por el salón como un animal enjaulado. Su hermana lo mira indignada.

DON PEDRO
Alguien le diría que se iban a formar las fuerzas cristianas y...

BLANCA
(interrumpiéndole)
Seguro que no sabía las intenciones del rey. En esta mesa...
(la señala con el índice)
...te dijo que iría si se le necesitaba. ¿Es que lo has olvidado?

Don Pedro se detiene y la mira.

DON PEDRO
Ya, ya...

BLANCA
¡Qué poco lo conoces! Él es un hombre de palabra. Solo dice las cosas una vez. A tu

llamada, ten por seguro que no se habría negado a ir con tu mesnada.

Don Pedro vuelve a deambular por el salón.

> DON PEDRO
> Entonces, ¿por qué lo ha hecho?

> BLANCA
> ¿No lo sabes?: por amor. ¿Por qué si no va a ser?

Don Pedro se para y la mira incrédulo.

> DON PEDRO
> ¿Por amor?

> BLANCA
> Por tu culpa, por tus ambiciones. Si no hubieras ido en contra de sus sentimientos, él estaría ahora aquí.

> DON PEDRO
> (obcecado)
> No, ese no es suficiente motivo... Y además, yo busco lo mejor para él.

> BLANCA
> ¿Para él?... Para ti... Podrás engañarte a ti mismo, pero a mi no.

Se acerca a un ventanal y mira la vista.

> BLANCA
> Y ahora, Dios sabe que será de ellos.

46. INT. POSADA / ALCOBA – NOCHE

El cielo estrellado a través de una ventana.

Gonzalo y Elena están durmiendo en un camastro. Ella mueve la cabeza nerviosa. Tiene una pesadilla.

> ELENA
> ¡No! ¡No!...

Rompe a llorar y despierta a Gonzalo. Éste la abraza.

> GONZALO
> ¿Qué pasa cariño?

> ELENA
> ¡Era horrible!

> GONZALO
> No es nada, no es nada...

> ELENA
> ¡Nos sucedía algo malo!

> GONZALO
> Solo es un mal sueño.

> ELENA
> ¡Tenemos que volver!

> GONZALO
> No, todo irá bien. Tranquila, tranquila...

Le da un beso en los labios. Ella se calma y se acurruca sobre su pecho.

47. EXT. PUEBLO / CALLE PRINCIPAL – DÍA

Al día siguiente. Gonzalo y Elena a pie, llevando los caballos de las riendas, atraviesan un pueblo. Miran a un lado y a otro: no hay un alma. De pronto, OÍMOS un CRUJIDO. Se vuelven hacia allí. Una puerta se abre y aparece una LUGAREÑA, en la cuarentena, metida en carnes y dicharachera, que está dando de mamar a un crío, acompañada de un NIÑO de unos ocho años. Se separa el niño del pecho, se lo cubre y va hacia la pareja.

> LUGAREÑA
> Les vi y me dije: estos piensan que ha llegado la peste ¡ja!, ¡ja!

> GONZALO
> Buscamos al tendero. Estamos sin provisiones.

> LUGAREÑA
> Es mi marido. Fue con todos al cementerio.

> GONZALO
> (mirando a su alrededor)
> ¿También los niños?

> LUGAREÑA
> No, están en sus casas hasta que acabe todo.

> GONZALO
> ¿Podemos esperar por aquí?

La lugareña se detiene frente a ellos.

> LUGAREÑA
> Mejor vayan y lo traen. Es un parlanchín y...
> (hace con el pulgar el gesto de beber)
> ...a veces no aparece hasta el día siguiente.

El niño se hurga la nariz. Su madre, que lo ve de reojo, le da un cachete en el cogote con la mano libre. La expresión del niño es de sorpresa ante los "reflejos" de su madre. La pareja contiene la risa.

> GONZALO
> ¿Por dónde queda el camposanto?

> LUGAREÑA
> (señala con la mano)
> A la salida del pueblo a la derecha.
> Deben de estar llegando.

> ELENA
> Gracias, señora.

Se despiden con la mano y emprenden el camino. De pronto, OÏMOS el RUIDO de otro cachete. Esta vez, no pueden evitar romper a reír. Avanzan unos pasos...

> LUGAREÑA (O.S.)
> (llamándolos)
> ¡Chis! ¡Chis!

Se giran hacia ella que se les acerca con un aire misterioso, pero sin el niño que debe estar ya en casa.

> LUGAREÑA
> (sin levantar la voz)
> Es un entierro sin muerto...

Se quedan extrañados. La mujer les aclara.

> LUGAREÑA
> ¡Un entierro en vida!

Después de unos instantes, ya caen, poniendo una expresión mezcla de seriedad y estupor. La mujer les asiente despacio, mirándolos fijamente, y da media vuelta. Los dos se miran indecisos.

GONZALO
¿Qué hacemos?

Elena duda un momento...

ELENA
Vamos, quiero verlo.

El CRUJIDO de la puerta cerrándose.

48. EXT. CEMENTERIO / INTERIOR DEL RECINTO – MÁS TARDE

P.D.V. de Elena - EN MOVIMIENTO. Se acerca a un grupo de medio centenar de personas apiñadas en torno a un lugar. Silencio.

Los dos se abren paso y se paran entremezclados con la gente. Miran por encima del hombro de quienes tienen delante y ven:

Una sepultura vacía, vista a lo largo, con una escala apoyada en la pared de enfrente. Alrededor, por delante de los espectadores, se hallan: en el extremo distal, una LEPROSA con su atuendo, flanqueada por el CLÉRIGO 4 que sostiene un libro de rezos abierto y el CLÉRIGO 5 que porta una cruz; en los laterales, TRES SOLDADOS; y en el proximal, de espaldas, el ALCALDE y un CLÉRIGO 6 que parecen dirigir la ceremonia.

Un LUGAREÑO susurra a Gonzalo.

LUGAREÑO
Venimos de la iglesia, el alcalde no quiere que se pierdan las buenas tradiciones.

Gonzalo le asiente y vuelve a mirar hacia delante. La leprosa está avanzando, llega al borde e inicia el descenso, indecisa, por la escala. El CLÉRIGO 4 empieza a leer. El ECO de su voz parece provenir de ultratumba.

CLÉRIGO 4
Sic mortuus mundo. Vivus iterum...

De pronto, oímos el grito desgarrador de una mujer que se encuentra en primera fila, por delante de donde están Gonzalo y Elena, que interrumpe sus palabras. Acto seguido, se desploma de rodillas, llorando desesperadamente.

El alcalde y el clérigo 6 se vuelven con expresión de ira y... descubrimos que el clérigo 6 es Vermudo. Éste mira a la mujer y luego, al levantar la vista, ve a la pareja. Los tres se entrecruzan miradas de sorpresa. Después de unos interminables momentos de tensión, Vermudo hace una enérgica seña con la mano a los soldados para que se acerquen a él. Estos obedecen. Gonzalo ve que Vermudo les da unas indicaciones que, por sus gestos, le inspiran desconfianza.

Gonzalo mira a Elena.

GONZALO
¡Vámonos!

La coge de la mano y salen de entre la gente.

Vermudo hace un gesto a los soldados para que se den más prisa.

La pareja se acerca a todo correr. Al fondo, entremezclados con la gente, los soldados están ya con Vermudo asintiendo sus explicaciones.

P.D.V. de Vermudo. La pareja saliendo del recinto.

49. EXT. CEMENTERIO / ENTRADA – A CONTINUACIÓN

Gonzalo y Elena van hacia sus caballos, que han dejado atados a unos árboles, liberan las riendas, montan rápidamente, los espolean y parten a todo galope. Primero Elena y luego Gonzalo.

Se acercan a primer término y salen DE CUADRO, levantando una nube de polvo que llena el encuadre. Cuando se disipa la polvareda, vemos a los soldados salir del cementerio y subir a sus caballos.

La pareja se aleja, desapareciendo tras una arboleda.

50. EXT. CAMPO – A CONTINUACIÓN

Gonzalo vuelve la cabeza.

Su P.D.V. Los soldados aparecen tras la arboleda.

Mira hacia delante, gritando a Elena.

> GONZALO
> ¡Pícale más!

Las espuelas de Elena.

La pareja vuela.

Sus perseguidores espolean salvajemente sus cabalgaduras.

Gonzalo adelanta a Elena.

> GONZALO
> ¡Por aquí!

Se encaminan hacia la frondosa vegetación de la ribera de un río.

51. EXT. RÍO / RIBERA DERECHA y BALSAS – A CONTINUACIÓN

EN LA RIBERA DERECHA

Irrumpen de entre la vegetación y toman un sendero que serpentea por el margen derecho, aguas abajo.

Los soldados llegan a la ribera.

Gonzalo y Elena surgen tras un recodo, se aproximan y salen DE CUADRO. Tras ellos, aparecen los perseguidores. Los cascos de sus caballos disparan las piedras como metralla.

La pareja enfila un tramo que se eleva peligrosamente sobre el río. Gonzalo mira hacia abajo y ve el riesgo de despeñarse.

                    GONZALO
              ¡Despacio!

Aminoran la marcha.

Los soldados prosiguen sin reducir el ritmo. El caballo del que va en último lugar, SOLDADO 3, resbala y cae por un terraplén al río.

La pareja cabalgando. OÍMOS un GRITO LEJANO.

Los SOLDADOS 1 y 2 se detienen y miran hacia atrás. Su compañero y el caballo están en la orilla, tratando de no ser arrastrados por la corriente. Se hacen un gesto con la cabeza, indicándose que deben continuar.

Gonzalo y Elena se paran. No se oyen los cascos de los caballos.

                    GONZALO
              ¡Vamos!, enseguida volverán.

Ella asiente con la cabeza. Pican espuelas y se alejan.

Los dos cabalgando. Gonzalo se vuelve y ve que Elena se va retrasando.

                    GONZALO
              ¡Más deprisa!

Ella espolea su cabalgadura.

La persecución es observada de lejos, río más abajo, por OCHO GANCHEROS que conducen media docena de balsas de troncos unidas entre sí, impulsándolas con bicheros.

EN LA RIBERA DERECHA

Los perseguidores van acortando distancias.

Gonzalo disminuye la velocidad y se vuelve hacia Elena para animarla.

> GONZALO
> ¡Vamos cariño!

EN LAS BALSAS.

Un ganchero hace un gesto al resto para que se aproximen a la orilla derecha.

EN LA RIBERA DERECHA

Gonzalo ve que los soldados van dando alcance a Elena. De pronto, OÏMOS el BOCINAZO de un cuerno. Gonzalo mira hacia donde proviene el sonido y ve a los gancheros. El del cuerno les hace señas con la mano para que suban, al tiempo que los demás impulsan los bicheros y se acercan a la orilla.

Gonzalo y Elena llegan a la altura de los gancheros y se detienen en un tramo del sendero que queda más bajo y cerca de la orilla. Los gancheros de la balsa más cercana les apremian.

> GANCHERO 1
> ¡Rápido, subid!

> GANCHERO 2
> ¡Daos prisa!

Gonzalo se vuelve un momento hacia el sendero y ve a los soldados aproximándose.

> GONZALO
> ¿Y los caballos?

> GANCHERO 2
> ¡También! ¡No perdáis tiempo!

Los caballos saltan a la balsa. Rápidamente, los gancheros impulsan los bicheros con fuerza para separarse de la orilla.

Llegan los soldados. El soldado 1 ve que el sendero deja de escoltar al río, interponiéndose entre ambos un cañaveral. Su gesto de desesperación.

La mano del soldado 2 desenvaina un cuchillo de la espalda, lo coge por la hoja y se prepara para lanzarlo. Su compañero se da cuenta.

> SOLDADO 1
> ¡Alto! ¡No seas estúpido! Es el hijo de don Pedro. El padre Vermudo nos dijo que lo cogiéramos, no que lo matáramos.

El soldado 2 detiene su lanzamiento con una expresión de rabia contenida. Los soldados miran las balsas que se alejan río abajo.

EN LAS BALSAS

La pareja desmonta.

> GONZALO
> Gracias, pero ¿y si fuéramos ladrones?

GANCHERO 1
Nos trae sin cuidado. Un leonés siempre ayuda a un perseguido por un soldado castellano.

GANCHERO 2
Nunca había visto a una mujer cabalgar así.

GONZALO
(mirando a Elena con una sonrisa)
Ni yo tampoco.

GANCHERO 2
¿Adónde os dirigís?

GONZALO
Al sur.

GANCHERO 1
El curso del río os alejará mucho.

Gonzalo y Elena se miran sin saber qué hacer.

GANCHERO 2
Ya no os pueden alcanzar, no hay ningún puente por esta parte del río.

El ganchero 1 otea el margen izquierdo.

GANCHERO 1
Éste es un buen sitio, si queréis podéis bajaros.

GANCHERO 2
Pero por ahí, no encontrarán ningún lugar para pasar la noche.

GONZALO
Dormiremos a la intemperie.

ELENA
(con humor)
¡Somos castellanos!

Los gancheros sueltan una carcajada. El GANCHERO 3 de la balsa contigua tercia en la conversación.

GANCHERO 3
La ciudad de piedra está en esa dirección.

Los gancheros 1 y 2 asienten, dando a entender que la conocen, pero que no la recordaban.

GONZALO
¿La ciudad de piedra?

GANCHERO 3
Sí, es de antes de los romanos.

GONZALO
¿Queda muy lejos?

GANCHERO 3
Llegaréis antes del anochecer.

Las balsas se acercan a la orilla izquierda.

ELENA
¿Vive alguien?

GANCHERO 1
No, solo gente de paso... Allí encontraréis cobijo.

GANCHERO 2
(alzando la voz y levantando la mano)
¡Alto!

Los gancheros dejan de impulsar los bicheros.

Gonzalo y Elena saltan a tierra firme seguidos por los caballos. Se despiden de los gancheros.

ELENA
¡Gracias!

GONZALO
¡Gracias! No os olvidaremos.

LOS TRES GANCHEROS
- ¡Buena suerte!
- ¡Adiós!
- ¡Hasta pronto!

Los gancheros de las otras balsas se despiden con la mano.

52. EXT. TIERMES - ATARDECER

Llegan a la ciudad de piedra de Tiermes. Los últimos rayos solares resaltan el color rojizo del cerro rocoso. Todo está solitario.

Bordean la ciudad que queda a su derecha. Pasan junto a unas termas romanas y, más adelante, descubren a unos dos metros de altura una vivienda rupestre a la que se accede desde una escalera contigua tallada en la roca.

53. INT. TIERMES / VIVIENDA RUPESTRE – NOCHE

Llueve a cántaros. Están abrazados recostados en la pared junto a un fuego.

ELENA
No lo entiendo. No hace ni dos días de
nuestra marcha...

GONZALO
Yo tampoco. Lo normal es que nos saludara,
que pensara que estábamos de paso... ¡Y nos
mandó perseguir como si fuéramos asesinos!

ELENA
Tal vez se enteró de nuestra marcha por tu
padre.

GONZALO
No sé... ¡Y todo tan rápido! No entiendo
nada

ELENA
¿Diego?

GONZALO
También lo he pensado... Me siento mal al
dudar de su palabra... Pero no, él guardará
silencio y no nos delatará.

Pausa.

ELENA
¿Y ahora qué hacemos?

GONZALO
Debemos seguir con nuestros planes... Algún
día nos enteraremos de lo sucedido.

Se quedan mirando el vaivén de las llamas. En segundo término, la
boca de la cueva con la lluvia cayendo en el exterior.

54. INT. / EXT. TIERMES / VIVIENDA RUPESTRE Y PÁRAMO - AMANECER

Un día despejado. La misma imagen con el rescoldo del fuego. Al fondo, los dos se alejan cabalgando por el páramo.

55. EXT. FERIA / ENTRADA – DÍA

Unos días después. Llegan a la caballeriza de una concurrida feria, desmontan y dejan los equinos.

56. EXT. FERIA / TENDERETES – MÁS TARDE

Pasean cogidos de la mano, mirando divertidos los puestos: un VENDEDOR DE ALFOMBRAS y una PUEBLERINA regatean acaloradamente; un SOPLADOR DE VIDRIO con sus mofletes a punto de estallar es observado con asombro por DOS CHIQUILLOS; un BARBUDO JUDÍO, vendedor de telas, tiende un pañuelo a una MUCHACHA; un CUCHILLERO se empina una bota de vino mientras un SOLDADO comprueba el filo de una espada...

57. EXT. FERIA – ATRACCIONES – MÁS TARDE

Avanzan por una zona donde los tenderetes han dejado paso a los espectáculos: un FAQUIR, un "COMEFUEGOS", un TRILERO, un CONTORSIONISTA, TRES ACRÓBATAS, una ORQUESTINA...

Elena detiene sus pasos fascinada ante la habilidad de DOS MALABARISTAS. Gonzalo se fija en el espectáculo siguiente.

> GONZALO
> Estoy ahí al lado.

> ELENA
> Bien...

Gonzalo se acerca a un puesto de remedios milagrosos que llevan un matrimonio de unos cincuenta años: el CHARLATÁN y la ESPOSA DEL CHARLATÁN que está sentada en un taburete rodeada de cajas de frascos. A sus espaldas, está su tartana y, en un lateral, un biombo. UNA DOCENA DE ESPECTADORES están pendientes del charlatán que en ese momento tiende un frasco a un GAÑÁN.

                    CHARLATÁN
                    Ya no tendrá problemas con sus intestinos,
                    ¡los aliviará todos los días!

Un ZAGAL imita con la boca el SONIDO DE UNA VENTOSIDAD que hace reír a la concurrencia. Una MUJER GORDA se acerca al charlatán y le susurra algo al oído. Éste coge un frasco de las cajas y se lo alarga. La mujer lo coge y le entrega unas monedas.

                    CHARLATÁN
                    Si falla le devuelvo sus dineros.

Su esposa le corrige en un tono arrabalero.

                    ESPOSA DEL CHARLATÁN
                    No los devolverá. ¡Eso nunca falla!

Ahora las risas son carcajadas. El charlatán mira al público esperando alguna venta más, pero empiezan a desperdigarse.

                    CHARLATÁN
                    Quien quiera consultarme algo, estaré ahí
                    detrás.

Los vendedores empiezan a recoger el género.

Gonzalo se ha quedado. Cavila algo sin apartar la mirada del charlatán. Un momento después, va hacia él cuando se agacha para coger una caja.

GONZALO
Buenos días.

CHARLATÁN
(enderezándose)
Pensé que hoy no tendría a nadie.

GONZALO
Es algo delicado...

CHARLATÁN
Todas las enfermedades son delicadas.

GONZALO
Ésta lo es más.

El charlatán lo escudriña de arriba abajo y se vuelve hacia su esposa que iba a plegar el biombo.

CHARLATÁN
Déjalo, tenemos un cliente.

La mujer obedece y va hacia las cajas para seguir recogiéndolas. Aparece Elena, acercándose a Gonzalo.

GONZALO
Ven un momento.

Gonzalo, Elena y el charlatán van al otro lado del biombo.

CHARLATÁN
(desenfadado)
Yo creía que los nobles tenían médicos de sobra.

Gonzalo, que no parece importarle el comentario, le pregunta muy serio.

GONZALO
¿Qué sabe de la lepra?

Elena lo mira enfadada. Gonzalo, que se da cuenta de su reacción, sigue pendiente del charlatán, cuyo semblante se torna también serio.

CHARLATÁN
Es un castigo divino...

GONZALO
Eso dicen los clérigos...

CHARLATÁN
(desconfiado)
No sé nada.

Elena observa, manteniéndose al margen de la conversación.

GONZALO
Usted viaja por todas partes... Tal vez alguien, alguna vez...

El charlatán los mira algo más confiado. Hace memoria. Unos segundos después:

CHARLATÁN
Hace años, oí hablar a un comerciante veneciano de un remedio... pero, hace tanto tiempo.

GONZALO
¿Unas sales?

El charlatán sigue tratando de recordar.

CHARLATÁN
No, no...

GONZALO
¿Una planta?

CHARLATÁN
¡No!, una planta, no. ¿Un árbol? Sí, un árbol... El aceite de las semillas de un árbol...

Chasquea los dedos, se muerde los labios. Gonzalo y Elena tienen sus ojos clavados en él.

CHARLATÁN
Maldita sea... Era, era... ¿Cómo se llamaba? Era algo así como chaulmoo... chaulmoogra. Sí, eso es: el árbol de la chaulmoogra, un árbol de la India.

GONZALO
¿Y dónde podríamos encontrar ese aceite?

CHARLATÁN
Imagino que en Ispahán, El Cairo, Bagdad... No sé, en cualquier escuela de medicina de Oriente... No debe de ser difícil. Para allí se forman muchas caravanas. Cualquier mercader podría traerlo.

El rostro de Gonzalo se ilumina. Mira a Elena que esboza una sonrisa.

58. EXT. LA MANCHA – MEDIODÍA

Unos días después. Principios de verano. Aparecen por la ladera de una montaña y detienen sus cabalgaduras para contemplar durante unos momentos la llaneza del paisaje manchego donde se divisa una aldea en la cercanía.

59. EXT. ALDEA – MÁS TARDE

Una animada aldea con gente a pie, a caballo o conduciendo carretas atravesando su única calle. Desmontan frente a una fonda, atan las riendas a unos troncos clavados en tierra y van hacia la puerta.

60. INT. FONDA – A CONTINUACIÓN

Una fonda a rebosar. La MESONERA, en la cincuentena y rolliza, se apremia en servir a la decena de mesas del local.

La pareja entra.

P.D.V. de Gonzalo. Recorre las mesas, terminando en una donde dos hombres bien vestidos juegan al ajedrez. No hay ninguna libre.

Mira a Elena con resignación. Dan media vuelta, avanzan unos pasos y, cuando están en el umbral de la puerta, alguien pone la mano sobre el hombro de Gonzalo. Éste se vuelve y ve que es uno de los ajedrecistas: MARTÍN, treinta años, mirada magnética y barba poblada.

> MARTÍN
> En nuestra mesa hay sitio. Si queréis podéis acompañarnos.

Gonzalo mira a Elena, y ésta asiente.

> GONZALO
> Gracias, pensábamos que hoy no probaríamos bocado.

Se dirigen a la mesa. Allí, RODRIGO, dieciocho años, se levanta cortésmente.

> MARTÍN
> Mi hermano Rodrigo.

Gonzalo se encarga de las presentaciones de ambos.

GONZALO
Mi esposa Elena, yo soy Gonzalo.
(mira a Martín)
Y...

Deja la frase en el aire.

MARTÍN
Martín es mi nombre.

Se sientan. En la mesa hay un juego de ajedrez, una jarra de vino y dos copas. Se acerca la mesonera y pregunta a los recién llegados.

MESONERA
¿Cordero?

61. INT. FONDA – MÁS TARDE

La mano de Martín coge una pieza y la juega.

MARTÍN
¿Y por qué al sur?

La pareja, que ya ha terminado de comer, sigue la partida que están jugando los dos hermanos. Gonzalo termina de dar un trago.

GONZALO
Mi mujer está enferma de los pulmones y el médico se lo ha recomendado. Donde vivimos hace mucho frío.

ELENA
Y además, necesito tranquilidad.

Mientras Rodrigo reflexiona su movimiento, Martín continúa la conversación, echando una ojeada, de vez en cuando, a la partida.

> MARTÍN
> ¿Tranquilidad? Ahora sí, pero no creo que dure mucho.

> GONZALO
> ¿Qué quieres decir?

> MARTÍN
> La situación al otro lado de la frontera está que arde.

> GONZALO
> Sí, pero al otro lado...

Martín da un sorbo.

> MARTÍN
> Cuando el rey se decida a atacar, el ejército pasará por donde pensáis ir, para dirigirse al desfiladero del Muradal.... Y para eso no falta mucho.

> GONZALO
> ¿Cómo en las Navas?

> MARTÍN
> Sí, aquello será un hervidero de tropas y órdenes militares. Será el lugar menos tranquilo de toda Hispania.

Gonzalo y Elena se miran con una expresión mezcla de preocupación e indecisión.

MARTÍN
Yo iría al este, hacia levante. Además, tendréis mejor temperatura.

ELENA
¿Cerca de la frontera?

MARTÍN
Sí, al norte de al-Ándalus.

GONZALO
Futuras tierras del reino de Aragón.

Martín muestra un extraño gesto, como si el comentario le hubiera molestado.

MARTÍN
Sí, eso acordamos con ellos, pero no lo tendrán fácil.

Su hermano Rodrigo tercia, sin levantar la vista del tablero, con un leve fondo de burla.

RODRIGO
Los moros dicen que son sus tierras desde que vinieron para librarnos de los visigodos.

MARTÍN
Bueno, eso ahora no importa... Hacedme caso, allí disfrutaréis de paz durante mucho tiempo.

ELENA
¿Hay colonos?

MARTÍN
Sí, pero menos que donde tenéis pensado ir.

Rodrigo hace la jugada, mientras aclara:

> RODRIGO
> ¡Ni siquiera hay leprosos!

Gonzalo y Elena se miran.

> MARTÍN
> Ya hay varias aldeas. Son las tierras que hay antes de llegar a las montañas. Si queréis os puedo indicar el camino.

Martín se fija en la posición del tablero y anuncia:

> MARTÍN
> Hermano...

Hace la jugada y...

> MARTÍN
> Jaque mate.

62. EXT. LA MANCHA (VARIOS PAISAJES)

La pareja atraviesa La Mancha en dirección este, a lo largo de varias jornadas.

1. Cabalgan pesadamente en un tórrido día por una inacabable llanura de ocres y pardos.

2. Inician la marcha al alba tras pasar la noche al raso.

3. Se detienen al anochecer en una aislada arboleda. En el horizonte, se divisa un espectacular "amanecer" de la Luna llena.

4. Mañana. Dejan atrás el paisaje manchego y se dirigen hacia un río que serpentea cerca de unas montañas.

63. EXT. RIBERA DE UN RÍO – MEDIODÍA

Están tumbados a la sombra de unos árboles de la ribera, tras darse un baño. Él mira absorto hacia el cielo y ella dormita placenteramente. Unos momentos después, él la mira: está preciosa. Se incorpora, apoyándose sobre un codo, y la besa dulcemente en la frente. Ella sonríe, pero no se mueve, sigue con los ojos cerrados. Luego, la besa en las mejillas, los labios, el cuello... La pasión le está encendiendo. De pronto, ella abre los ojos.

> ELENA
> ¡Para, Gonzalo!

Él se detiene.

> ELENA
> No debemos seguir...

> GONZALO
> Lo siento, tienes razón... pero te quiero y te deseo tanto.

Ella se vuelve hacia él y le acaricia la cara.

> ELENA
> Tal vez algún día, si encontramos la medicina que me cure...

Se asienten con amargura. Luego, ella da un giro a la conversación.

> ELENA
> Debemos de estar ya cerca de las aldeas esas.

> GONZALO
> Sí, tenemos que encontrarlas antes de que caiga la noche.

Se ponen en pie.

64. **EXT. MONTE BAJO – MEDIA TARDE**

Cabalgan lentamente mirando a un lado y a otro.

> GONZALO
> Creo que nos hemos desviado.

> ELENA
> ¿Y si volvemos atrás?

Gonzalo asiente. Dan media vuelta, avanzan unos metros cuando, de pronto, OÏMOS un VOCERÍO lejano. Se miran un instante y, sin decirse nada, espolean los caballos hacia donde parece provenir. Poco a poco, se oye más fuerte, distinguiéndose los GRITOS DESESPERADOS de un hombre de entre todas las voces.

65. **EXT. MONTE BAJO / HONDONADA – A CONTINUACIÓN**

El rostro ensangrentado de un hombre gritando de dolor. Es un LAPIDADO. Está enterrado de pie hasta las ingles, "plantado" como si fuera un árbol. Tiene la camisa a jirones y está lleno de heridas. A su alrededor, UNA VEINTENA DE HOMBRES Y MUJERES MOROS le arrojan piedras entre insultos en árabe.

Por el borde de la hondonada, aparecen Gonzalo y Elena. Se detienen estupefactos ante la escena.

> ELENA
> ¡Hemos cruzado la frontera!

> GONZALO
> Sí, esto no es Castilla.

Su rostro adquiere un tono de indignación. De pronto, desmonta y corre hacia allí. Elena lo ve alejarse. Sus labios se entreabren para

llamarlo y tratar de detenerlo, pero ya es tarde. Gonzalo está
·llegando. El temor inunda a Elena.

Gonzalo les arrebata las piedras que tienen en las manos, mientras
grita:

GONZALO
¡Ya está bien! ...¡Parad!

Todos lo miran sin entender su conducta. Dos fortachones, MORO 1
y 2, se miran indignados.

Gonzalo se abalanza sobre un apedreador, justo cuando va a arrojar
la piedra. En segundo término, los moros se acercan a él. Seguimos
oyendo al moribundo, a la chusma y a Gonzalo.

GONZALO
¡Salvajes!

Los moros lo cogen en volandas y lo echan a un lado.

NOTA: LOS DIÁLOGOS DE LOS MOROS SON EN ÁRABE
CON SUBTÍTULOS, SALVO CUANDO SE INDIQUE LO
CONTRARIO.

MORO 1
¡Apártate, que luego vas tú!

MORO 2
¡Métete en tus asuntos, cristiano!

Gonzalo se revuelve, mira a su alrededor como buscando algo. Ve un
tronco cerca.

La mano de un apedreador agarra una enorme piedra...

El lapidado se protege la cara con los brazos entre gemidos. Súbitamente, la piedra entra EN CUADRO, impactándole en la cabeza. Se desploma inconsciente.

Gonzalo arranca lleno de ira con el tronco entre las manos hacia los apedreadores.

Elena, pie a tierra, lo mira horrorizada.

SOBRE Gonzalo corriendo, OÍMOS los SILBIDOS de unas flechas que pasan cerca de él, pero que no vemos. La chusma calla. Se detiene sorprendido y ve en el suelo, delante de él, cuatro flechas clavadas cortándole el paso. Deja caer el tronco, mira por todas partes y descubre en un alto cercano a seis soldados moros a caballo: cuatro BALLESTEROS parados en actitud de desafío con sus ballestas, y dos GUERREROS con sus espadas al cinto que descienden veloces.

Los guerreros llegan, descabalgan y lo cogen de los brazos. Él se resiste. El GUERRERO 1, el más corpulento, le propina un puñetazo en la cara que lo tumba, dejándolo aturdido. Enseguida, trata de incorporarse, cuando el tronco, que había dejado caer, entra EN CUADRO, golpeándole en la cabeza. Pierde el conocimiento y se desploma.

Elena está bajando el terraplén de la hondonada.

ELENA
(gritando)
¡Noooo! ¡Gonzalo! ¡Noooo!

Los ballesteros, que mientras tanto han bajado también del alto, llegan a la hondonada y desmontan. El ballestero 1 va hacia Elena para cruzarse en su camino hacia Gonzalo y los otros tres hacia el reo que yace inerte, doblado por la cintura como un muñeco de trapo, desfigurado, cubierto de heridas y colgajos de carne, con un charco de sangre. A su alrededor, algunos apedreadores vomitan.

91

El ballestero 2 escupe al lapidado. El 3 y 4, después de echarle una
mirada, se vuelven hacia la gente y les hacen gestos con la mano para
que se marchen.

BALLESTEROS 3 Y 4
- La diversión ya ha terminado.
- ¡Vamos! ¡Vamos!
- ¡Moveos! Id a vuestras alquerías

El ballestero 4 termina de echar a los rezagados y el ballestero 3 va
en busca del 2 que está en cuclillas cerciorándose de la muerte del
reo.

BALLESTERO 3
Éste ha aguantado poco.

BALLESTERO 2
A nosotros nos duraban casi un día.
¿Te acuerdas?

BALLESTERO 3
Ya no saben apedrear.

VUELTA a Gonzalo. Los guerreros están arrastrándolo de las axilas
y van hacia el ballestero 1 que tiene a Elena sujeta por el brazo. Ella
se suelta y corre hacia Gonzalo. Cuando llega a su lado, los guerreros
lo dejan tendido en el suelo. Ella se arrodilla y ve que aún respira. Lo
rodea con sus brazos y empieza a llorar desesperada.

ELENA
¡Gonzalo! ¡Gonzalo!

NOTA: EL GUERRERO 2 HABLA CASTELLANO.

GUERRERO 2
Solo es un desmayo... No le ha dado fuerte.
(sonríe a su compañero)

Si hubiera querido, ya estaría...
(mira al reo)
...haciéndole compañía a aquel desgraciado.

Elena acerca su cara a la de él. La soldadesca contempla distante la escena. Ella los mira con rabia.

ELENA
¡Salvajes!

GUERRERO 2
Ya está bien, cristiana.

Elena se resiste a abandonarlo. El guerrero 2 la coge del brazo y tira para que lo suelte. Por fin, ella lo deja con cariño en el suelo y se pone en pie. El guerrero 2 mira hacia el cielo. Empieza a declinar la tarde.

GUERRERO 2
(a todos; en árabe)
¡Vamos, no perdamos más tiempo!

Todos se dirigen a sus cabalgaduras para partir.

66. EXT. MONTAÑA – ATARDECER

Avanzan por un sendero de montaña en dirección este. Van en fila por este orden: los ballesteros, Elena, Gonzalo inconsciente a lomos de su caballo como unas alforjas, y cierran el grupo los guerreros.

Elena mira a Gonzalo. Aminora la marcha y se pone a su altura.

El rostro de Gonzalo. Un chorro de agua le cae encima. Recobra el sentido. Abre los ojos, mira a un lado y a otro tratando de orientarse, hasta que la descubre.

Su P.D.V. Elena tapando una cantimplora.

Se incorpora y monta normal. Los dos cabalgan en paralelo.

                    GONZALO
                    ¿Adónde nos llevan?

Elena niega con la cabeza.

                    GONZALO
                    Dentro de poco se hará de noche. Donde sea,
                    no debe de quedar lejos.

67. EXT. MONTAÑA Y CASTILLO DE QASIM – ANOCHECER

La silueta de un castillo musulmán sobre un cerro, recortada sobre el azul oscuro del crepúsculo[1]. El grupo entra EN CUADRO, de espaldas y se aleja hacia la fortaleza.

68. EXT. CASTILLO DE QASIM / CAMINO DE ACCESO – MÁS TARDE

Ascienden por un camino en rampa que conduce al castillo que se alza majestuoso en lo alto. Franquean la entrada.

---

[1] La pareja ha venido a parar a un reino taifa del levante de Hispania. Aunque no se menciona ningún nombre, ha servido de ubicación geográfica a la historia el Valiato de Alcalá, feudatario del reino de Valencia pero que, en la práctica, se comportaba como un estado independiente. Abarcaba, aproximadamente, lo que sería en la actualidad las zonas montañosas del norte de la provincia de Alicante. (Qasim es un nombre ficticio).

**69. EXT. CASTILLO DE QASIM / PATIO – A
CONTINUACIÓN**

Descabalgan en un patio. Un GUARDIÁN cierra las pesadas hojas
del portalón, y un CARCELERO con un manojo de llaves, gordo y
tosco, abre una puerta de un lateral de la fachada. El guerrero 2 se
acerca a la pareja y les señala el carcelero.

> GUERRERO 2
> ¡Id con él!

Van hacia allí.

**70. INT. CASTILLO DE QASIM / MAZMORRAS – A
CONTINUACIÓN**

Entran aterrorizados en un pasadizo, apenas iluminado por apliques
de antorchas, seguidos por el carcelero. Avanzan unos metros y
llegan a un rellano del que parten una escalera hacia arriba y otra
hacia abajo. Los dos se detienen. El carcelero les chapurrea en su
lengua:

> CARCELERO
> ¡Abajo!

Descienden y llegan a otro rellano donde hay tres puertas con
cerrojo. El carcelero abre una.

**71. INT. CASTILLO DE QASIM / CELDA – A
CONTINUACIÓN**

Entran en una celda oscura. La luz del rellano ilumina brevemente un
banco adosado a la pared. La puerta se cierra. OÍMOS el
CERROJAZO, y luego el RUIDO del manojo de llaves que el
carcelero hace sonar mientras se aleja. Hay una tenue claridad que se
filtra por las rendijas de la puerta y por un ventanuco enrejado que

hay en lo alto que da al exterior. Los vemos entre sombras. Ella rompe a llorar. Él la abraza, consolándola.

> ELENA
> Nunca debimos partir.

> GONZALO
> No digas eso, fue culpa mía. Llevo mucho tiempo aguantando injusticias y no pude contenerme.

> ELENA
> ¿Y qué será ahora de nosotros?

> GONZALO
> No sé... no sé.

Largo silencio.

72. INT. CASTILLO DE QASIM / CELDA – AMANECER

La luz del sol entrando por el ventanuco.

Duermen. Elena está acostada de lado sobre el banco y Gonzalo sentado en el suelo con la cabeza recostada sobre el pecho de ella. Él se despierta, se vuelve hacia ella y la besa en los labios. Ella se despierta, lo mira y lo rodea con sus brazos. De pronto, OÏMOS el SONAR de las llaves. Se miran asustados y se ponen en pie. Sus ojos están clavados en la puerta. Ésta se abre y asoma el carcelero.

> CARCELERO
> ¡Vamos!

Van hacia la puerta.

**73. INT. CASTILLO DE QASIM / MAZMORRAS – A
CONTINUACIÓN**

Pasan al rellano de las mazmorras, iluminado por varios ventanucos.
El carcelero les señala la escalera. Elena se coge del brazo de
Gonzalo y suben seguidos por el carcelero. Alcanzan el rellano
superior y se detienen. El carcelero les hace un gesto para que sigan
subiendo.

> CARCELERO
> ¡Arriba!

Continúan hasta que se topan con una puerta cerrada. El carcelero
saca una llave y la abre. Pasan.

**74. INT. CASTILLO DE QASIM / PASILLO – A
CONTINUACIÓN**

Se hallan en las dependencias nobles del castillo. Han accedido al
extremo de un amplio pasillo, iluminado por el torrente de luz que le
llega de una entrada situada a la mitad del mismo. El carcelero les
indica con la mano que vayan hacia allí. Avanzan despacio, mirando
extrañados por todas partes. Llegan a una arcada sin puertas. Miran
al carcelero.

> CARCELERO
> ¡Entrad!

El carcelero se retira. Cruzan el umbral que está flanqueado por dos
ánforas romanas sobre soportes de hierro.

**75. INT. CASTILLO DE QASIM / SALÓN – A
CONTINUACIÓN**

Un suntuoso salón decorado con los elementos propios del arte
andalusí. Entran y se detienen fascinados. Gonzalo recorre la

estancia con su mirada, deteniendo sus ojos en un ajedrez que hay sobre una mesa. Se miran sin decir nada. Gonzalo va hacia el juego de ajedrez, coge una pieza y la contempla durante unos instantes...

                    MARTÍN (O.S.)
                    ¿Te gusta?

Gira la cabeza y ve extrañado que es Martín. Se halla bajo la arcada, pero su aspecto es bien diferente: barba corta, turbante y atuendo musulmán, con bordados y entorchados, que le confieren un porte distinguido.

                    GONZALO
                    ¡Martín!

Gonzalo deja la pieza mal centrada en la casilla.

Elena, sorprendida, tiene los ojos puestos en Martín.

                    MARTÍN
                    Creo que no habéis seguido bien mis
                    indicaciones...

Gonzalo lo mira, sin saber qué decir.

                    MARTÍN
                    El destino nos vuelve a unir...
                    Soy el visir Abul Qasim Ibn Habib.

NOTA: DESDE AHORA SERÁ QASIM.

                    GONZALO
                    ¿Entonces?

Qasim echa a andar hacia Gonzalo.

QASIM

De vez en cuando voy de incógnito con mi hermano Alí a Castilla para conocer la situación. Mi estado es rico y próspero, y lo desean muchos reinos cristianos... y moros.
(esboza una sonrisa)
¿No os extrañó que estuviera tan bien informado?

GONZALO

Hablas bien nuestra lengua...

Los dos están frente a frente.

QASIM

Mi padre siempre se preocupó de que la aprendiéramos... Muchos súbditos míos la conocen.

GONZALO

Y a nosotros...
(mira a Elena)
...¿qué nos espera?

QASIM

No debisteis entorpecer el castigo a ese traidor.

GONZALO

Era inhumano.

QASIM

¿Acaso vuestra religión no tiene también sus castigos, no menos inhumanos que los nuestros?
(inflexiona la voz, como respondiéndose a sí mismo)

Vosotros tenéis vuestras leyes y nosotros las nuestras.

GONZALO
En verdad... No sé cómo llamarte.

QASIM
Qasim, llámame Qasim. Así me llaman mis amigos.

GONZALO
Bien... Qasim, has de saber que yo tampoco estoy de acuerdo con las barbaridades que comete mi religión.

Qasim lo mira fijamente.

QASIM
Me gusta tu forma de pensar.

Va hacia un ventanal.

QASIM
Yo tampoco estoy de acuerdo con algunos castigos de la "sharia".

Se detiene en el alféizar, desde donde se contempla un valle.

QASIM
Pero en mi reino hay gentes de los más lejanos lugares del Islam, y como señor de estas tierras, debo respetar todas las interpretaciones de la ley de Dios.

Se vuelve, al tiempo que da un giro a la conversación.

QASIM
Bien, de momento, podéis quedaros aquí.

Gonzalo y Elena se miran sin comprender.

                    QASIM
                    Consideraos mis invitados.

Se vuelve hacia la entrada.

                    QASIM
                    (llamándola)
                    ¡Mumina!

Aparece una bella criada negra.

                    QASIM
                    (señalando a Elena)
                    Dale vestidos limpios y la
                    acompañas para que se asee.

Elena, sin salir de su asombro, hace una reverencia a Qasim con la cabeza.

                    ELENA
                    Gracias, Qasim.

Va con Mumina y salen las dos.

                    QASIM
                    Estamos siendo sinceros el uno con el otro,
                    ¿no?

                    GONZALO
                    Sí, eso creo.

Qasim se acerca a un nicho de la pared donde hay bebidas.

> QASIM
> Entonces, ¿por qué no me dices la verdadera
> razón de vuestro viaje?

Gonzalo reflexiona un instante.

> GONZALO
> Tuvimos que huir.

Qasim coge un botijo y llena dos vasos de zumo.

> QASIM
> Desde el primer momento tuve la sensación
> de que mentíais.

Va hacia Gonzalo con los dos vasos y le tiende uno.

> QASIM
> ¿Y por qué?

Qasim da un sorbo al suyo. Se sostienen la mirada.

> GONZALO
> Mi mujer está enferma.

> QASIM
> ¿Y por eso huíais?

Gonzalo no responde.

> QASIM
> ¿Qué enfermedad es esa?

Gonzalo está en un mar de dudas. Tras unos momentos, esperando su
respuesta, Qasim se encamina hacia el ajedrez.

                    QASIM
                    No temas decir su nombre. Nosotros los
                    musulmanes no tenemos enfermedades
                    malditas. En esto, sí somos más humanitarios
                    que vosotros los cristianos.

La mano de Qasim coloca la pieza bien centrada en su casilla...

                    GONZALO (o.s)
                    Lepra.

Qasim lo mira.

                    QASIM
                    Lo suponía.

Echa a andar hacia él.

                    QASIM
                    ¿Sabes que en al-Ándalus no aislamos a los
                    leprosos y que se les permite hacer una vida
                    normal?

Gonzalo niega con la cabeza.

                    QASIM
                    ¿Pero imagino que sí habrá llegado a tus
                    oídos que nuestra medicina está más
                    avanzada que la vuestra?

                    GONZALO
                    Sí, eso sí.

Gonzalo da el primer sorbo.

                    QASIM
                    Said, mi médico personal regresa mañana de
                    Granada. Aunque su especialidad son las

fracturas, seguro que puede hacer algo por tu mujer.

Gonzalo se queda sorprendido.

QASIM
¿Te parece bien?

GONZALO
Sí, claro, pero no sé qué decir...

QASIM
Ahora ve a refrescarte tú también. Te mostraré el camino.

GONZALO
Gracias, Qasim.

Van hacia la puerta. Cuando están cruzando el umbral, a Gonzalo se le van los ojos tras las ánforas. Qasim se da cuenta. Los dos se detienen.

QASIM
¿Te gustan?

GONZALO
Sí, nunca las había visto.

QASIM
Son romanas. Un día te llevaré a donde hay más.

76. INT. CASTILLO DE QASIM / ALCOBA – MÁS TARDE

Gonzalo y Elena, con atuendos moros, están comiendo, sentados en unos cojines en torno a una mesa. Ella se levanta, va a un tocador, coge una cajita y le muestra su contenido.

ELENA
¿Adivina qué es?

Gonzalo lo mira y hace el gesto de no saberlo.

ELENA
Es goma de mascar, me la dio Mumina. Es
para tener buen aliento.

GONZALO
Tú no la necesitas.

La besa en los labios.

GONZALO
¿Sabes qué te digo?... Me da igual donde
estemos y cómo vistamos. Lo importante es
que sigamos juntos. Y además...
(sonriéndole)
...estás muy guapa con esa ropa.

Elena coge una jarrita y se pone miel sobre una tortita.

ELENA
Nunca sabemos lo que nos depara el destino.

GONZALO
Sí, es verdad... ¿Me pasas la miel?

ELENA
(dándole la jarrita)
¿Crees que el médico habrá oído hablar del
aceite ese que nos dijo el charlatán?

Gonzalo coge la jarrita.

GONZALO
Si los médicos árabes son tan buenos como
dicen, deben conocerlo... ese u otro remedio.

La miel cayendo sobre una tortita.

77. INT. CASA DE SAID / CONSULTA – DÍA

Una llama. El extremo de una varilla metálica con la punta roma
entra EN CUADRO, se acerca al fuego y se pone candente. Se separa
de la llama y avanza por el aire. El cuello de Elena entra EN
CUADRO. La punta se detiene cerca de la piel.

El rostro de Elena con una venda negra tapándole los ojos.

La punta sigue junto a la piel. Un momento después, desaparece el
rojo vivo, y se acerca despacio a una de las manchas del cuello. Toca
la piel un instante y se separa.

El rostro de Elena no muestra ningún gesto de dolor.

La mano de Said, que es quien sostiene la varilla protegiéndose con
un paño, retira la varilla y la deja sobre una mesa, junto a un candil
encendido. Luego, coge un estilete puntiagudo que hay al lado.

El rostro y el cuello de Elena con la punta acercándose... Se clava en
la otra mancha, se separa enseguida y sale una gota de sangre. Su
gesto sigue sin reflejar ningún signo de dolor.

ELENA
(impaciente)
¿Cuándo empezaremos Said?

SAID
Ya está, ya hemos acabado.

Said, cincuenta años, perilla y aire académico, le seca la sangre con un algodón.

Ya descubrimos la estancia. Estanterías con albarelos, tarros y frascos con medicinas. Una librería con libros y rollos de pergamino. En el centro, una mesa de operaciones y, al lado, otra con instrumental quirúrgico, el candil, la varilla y el estilete. Elena está sentada en un taburete junto a esta mesa. A su lado, están Gonzalo y Said. Éste le quita la venda y va hacia una estantería.

                    ELENA
                    (se frota los ojos)
                    No he notado nada.

                    SAID
                    Sí, ya lo sé.

Coge un tarro y se acerca a ella.

                    SAID
                    Aunque no tienes quemadura, te pondré esto
                    para evitar la inflamación.

Abre el tarro, le aplica un ungüento con los dedos, lo deja en la mesa y se limpia con un paño que hay por allí. Luego, les señala una puerta que da al exterior.

                    SAID
                    Vamos fuera, aquí huele demasiado a
                    potingues.

Van todos hacia allí.

78. EXT. CASA DE SAID / HUERTO – A CONTINUACIÓN

Salen a un huerto. Se oye MURMURAR una acequia. Said les señala un banco adosado al muro.

SAID
Sentaos.

Se sientan expectantes. Said permanece de pie, adoptando un gesto de circunspección.

SAID
Efectivamente, es lepra. Desde Ibn Sina, Avicena en vuestra lengua, se sabe que hay dos tipos. Tú, Elena, tienes la "baras": manchas blancas que no sienten el calor, ni el dolor... Es la más benigna. Unas veces desaparece sola y otras podemos curarla.

En los rostros de la pareja se dibuja una sonrisa. Said empieza a deambular despacio.

SAID
Pero esta enfermedad es imprevisible. Si el cuerpo está débil, se puede convertir en la "gudam", la peor, que lleva inexorablemente a la muerte.

Estas palabras caen como un jarro de agua fría sobre ellos.

GONZALO
¿Y qué posibilidades hay?

SAID
(a Elena)
Estás al principio de los síntomas, eres joven y fuerte... Si Dios escucha nuestras plegarias, podrás sanar.

GONZALO
¿Solo con nuestras plegarias?

                    SAID
                    Con nuestras plegarias y con el mejor
                    remedio que hay para esa enfermedad: el
                    aceite de chaulmoogra.

Se miran con una extraña expresión, mezcla de alegría y sorpresa.
Said no comprende su reacción. Gonzalo se lo aclara.

                    GONZALO
                    Un hombre nos dijo que había llegado a sus
                    oídos que ese aceite podría curar la lepra,
                    pero que solo se podría encontrar en Oriente.

                    SAID
                    ¡Qué poco sabéis vosotros los cristianos
                    sobre medicina! Hasta el médico más joven
                    salido de la "madrasa" conoce este remedio.

Said entra en la consulta. Poco después, sale y les muestra un frasco
de vidrio que contiene el aceite.

                    SAID
                    (enfatizando)
                    El gran Avenzoar de Sevilla fue el primero
                    en darlo a sus enfermos.

La pareja se queda embobada mirando el frasco como si de una joya
se tratase.

                    ELENA
                    (a Gonzalo)
                    Dios nos ha oído.

Gonzalo la abraza emocionado.

                    SAID
                    Si estás preparada, mañana mismo puedes
                    empezar. Después, descansarás unas

semanas y harás la segunda tanda del tratamiento.

Elena asiente con un gesto.

> SAID
> ¡Bien! Cuanto antes mejor... Os explicaré cómo hacerlo.
> (a Gonzalo)
> Tú también Gonzalo, la tendrás que ayudar. El aceite tiene muchos riesgos, sobre todo al final cuando se toma una dosis alta.
> (a los dos)
> Ahora, prestad atención.
> (breve pausa)
> Debéis tenerlo en un lugar fresco...

Sus palabras continúan en la escena siguiente.

79. INT. CASTILLO DE QASIM / ALCOBA – DÍA

SERIE DE PLANOS sobre los que seguimos oyendo a Said en OFF.

1. El frasco a la sombra sobre el alféizar de la ventana. Gonzalo lo coge y lo destapa. Su olor le produce una arcada...

> SAID (CONT.; OFF.)
> ...para que no se enrancie. Cuando lo destapéis contened la respiración. Es uno de los peores olores que hay en el mundo.

2. Va a la mesa donde hay una jarra de leche, un huevo, un vaso, una pipeta y una cucharilla. Deja el frasco y se sienta. Casca el huevo, separa la clara y deposita la yema en el vaso. Coge la pipeta, la introduce en el frasco y vierte cinco gotas en el vaso. Luego, lo llena de leche y lo mezcla todo con la cucharilla...

> SAID (CONT.; OFF.)
> El aceite es muy irritante para el estómago.
> Lo tolerarás mejor si lo mezclas con
> alimentos. Empezarás con unas pocas gotas e
> irás subiendo gradualmente hasta llegar a las
> cien al día.

3. Coge el vaso y se lo tiende a Elena que está sentada al otro lado de la mesa. Ella lo bebe despacio y se lo devuelve poniendo una mueca de repugnancia.

> SAID (CONT.; OFF.)
> Al principio, no notarás nada, solo el sabor a
> rayos. Pero conforme vayan pasando los días
> te irás sintiendo cada vez peor. Si no
> soportas una subida, bajas la dosis y sigues
> con la de antes. Si ves que no puedes más, no
> te hagas la valiente y paras. Continuar,
> podría ser peligroso. Recuerda bien todo lo
> que te he dicho.

80. INT. CASTILLO DE QASIM / ALCOBA (VARIAS IMÁGENES)

SERIE DE ESCENAS a lo largo de varios días.

1. Elena, sentada en la cama, vomita en una jofaina que sostiene Gonzalo.

2. Noche. Elena está acostada de lado, con las piernas encogidas y un almohadón pegado al vientre. Está empapada de sudor con un gesto de dolor. Gonzalo se acerca con una taza humeante. Ella se incorpora un poco y da un sorbo.

3. Almuerzan en la mesa. Elena tiene mala cara. Gonzalo le ofrece una fruta y ella niega con la cabeza, al tiempo que le viene una arcada.

4. Amanecer. Duermen. Elena se despierta y mira a Gonzalo que sigue durmiendo. Le acaricia el pelo y lo despierta. Ella le sonríe dándole a entender que está bien.

81. EXT. CALA / BAJO EL AGUA – MEDIODÍA

Un hombre con taparrabos bucea a pulmón libre por unas cristalinas aguas... Es ALÍ. Llega a un fondo arenoso adonde llegan los rayos del sol. Busca algo... Ve un ánfora romana medio hundida. Se acerca, escarba y la desentierra. Comprueba que no está rota, la agarra de un asa.

DESDE EL FONDO. Lo vemos ascender. El sol, en su cenit, casi nos deslumbra.

82. EXT. CALA – A CONTINUACIÓN

Un día luminoso de finales de verano. Una mano de mujer deja un erizo de mar abierto, con sus anaranjadas carnosidades a la vista, en una fuente donde hay otros. Es AISA, la mujer de Qasim, veintitantos años, una belleza racial. Está sentada sobre una roca abriendo con un cuchillo erizos de mar que coge de un capazo. Levanta la vista hacia el mar.

>AISA
>(en árabe, sin subtítulos)
>¡Qasim! ¡Qasim! ¡Tu hermano!

Se hallan en una recogida cala, en un espléndido día de verano. Gonzalo y Qasim asan pescado en un espetón. Elena pone unas cantimploras, una bota de vino y una hogaza de pan sobre un mantel. Visten vestidos claros: las mujeres túnicas y los hombres camisas, zaragüelles y sombreros de paja.

A la voz de Aisa, todos miran hacia el mar, donde Alí agita un brazo en señal de alegría.

> QASIM
> Creo que esta vez ha tenido suerte.

83. EXT. CALA – MÁS TARDE

Dan cuenta de los últimos erizos mojándolos con pan. Una fuente de pescado con aspecto delicioso espera su turno. Junto a Gonzalo, está el ánfora. La conversación se desarrolla mientras comen.

> GONZALO
> Nunca los habíamos probado.

> ELENA
> ¡Qué sabrosos!

> QASIM
> En invierno están aún mejor.

Aisa señala con la mano la fuente de pescado.

> AISA
> Vamos con el pescado, si se enfría no vale nada.

84. EXT. CALA – MÁS TARDE

Se encuentran en una animada sobremesa. Qasim está mirando el ánfora.

> QASIM
> Quedará de maravilla en vuestro hogar.

Gonzalo y Elena se miran extrañados.

> QASIM
> Ya va siendo hora de que tengáis vida propia.

La pareja sigue desconcertada.

> AISA
> Os hemos buscado una casa en una alquería cerca del castillo.
> (a Elena)
> Allí podrás seguir el tratamiento.

> GONZALO
> Sois tan amables. Cada día estamos más en deuda con vosotros.

> ELENA
> Os estamos dando muchas molestias.

> AISA
> No es ninguna molestia.

> QASIM
> Conoceréis mejor a mi gente, veréis que no somos tan diferentes a vosotros los cristianos.

> GONZALO
> Ya lo veo... Las mujeres no llevan velo y muchos tenéis una sola esposa.

> QASIM
> El Islam de Hispania es bien diferente al de Oriente,...
> (a Gonzalo)
> ...aunque todavía tenemos algunas cosas que cambiar.

Gonzalo le asiente con complicidad.

QASIM
(a la pareja)
Podéis quedaros en mis tierras el tiempo que
queráis.
(a Elena)
Cuando sanes, Dios quiera que así sea,
podréis volver a Castilla, si ese es vuestro
deseo.

ELENA
¿Y cómo nos haremos entender?

AISA
Vuestros vecinos hablan vuestra lengua.

GONZALO
Pero, aún así, tendremos que aprender la
vuestra.

AISA
No es difícil. Ya veréis como enseguida la
habláis.

Qasim capta la atención del grupo y se dirige a Gonzalo.

NOTA: QASIM INICIA UN DIÁLOGO EN ÁRABE, SIN
SUBTÍTULOS, COMO HACEN LOS PROFESORES DE
IDIOMAS.

QASIM
¿Cómo te llamas?

Gonzalo no responde.

QASIM
Gonzalo.

Gonzalo sonríe tímidamente.

QASIM
¿Cómo te llamas?

GONZALO
Gonzalo.

Qasim se señala así mismo con la mano.

QASIM
Yo me llamo Qasim.
(señala a Gonzalo)
Tú te llamas Gonzalo.

GONZALO
(dubitativo)
Yo me llamo... Gonzalo... Tú te llamas...
¡Qasim!

Aisa aplaude y todos la siguen entre vítores. Ahora es Elena quien lo intenta también.

ELENA
Yo me llamo Elena.
(mira a Aisa)
Tú te llamas Aisa.

De nuevo ovación general. Cuando se hace silencio, Gonzalo se dirige a Qasim.

GONZALO
Nos gustaría agradecerte todo lo que estás haciendo por nosotros, pero no sabemos cómo podemos corresponderte.

Qasim medita un momento.

QASIM
¿En qué trabajas?

GONZALO
Soy arquitecto.

Qasim se queda pensativo.

85. EXT. BARRANCO – DÍA (VARIAS IMÁGENES)

Mediados de otoño. SERIE DE ESCENAS a lo largo de varias semanas.

1. El inicio de las obras de un puente sobre un barranco con UNA CUADRILLA DE ALBAÑILES MOROS trabajando. Un hombre de espaldas con un sombrero de paja mira hacia allí. Gira la cabeza hacia un lado. Es Gonzalo. Señala con la mano el barranco, de parte a parte, diciendo algo al CAPATAZ, que está a su lado. Tiene unos cincuenta años y aire bonachón

2. Gonzalo supervisa los cimientos del fondo del barranco.

3. Comprueba con una escuadra el ángulo recto del corte de un sillar y asiente con una sonrisa a un albañil.

4. Reprende a dos albañiles, mostrándoles la inclinación de un pilar acercando una plomada a una arista.

5. Se despide del capataz, dándole un amigable golpe en el hombro con un rollo de pergamino. Al fondo, el puente ya empieza a tomar forma.

ESTAS IMÁGENES SE INTERCALAN CON LAS SIGUIENTES.

86. INT. /EXT. CASA DE LA ALQUERÍA / SALA DE ESTAR – ZAGUÁN – PATIO – DÍA – (VARIAS IMÁGENES)

SERIE DE ESCENAS a lo largo de varias semanas que transcurren en su hogar, cuya distribución es la siguiente:

El zaguán comunica a través de una puerta con la sala de estar y de una arcada con el patio. La sala de estar tiene a la derecha un banco adosado a lo largo; a la izquierda dos ventanas y una salida al patio interior; y al otro extremo una puerta que, como veremos más adelante, lleva a la alcoba. Entre el mobiliario se halla una mesa de caballete y el ánfora. El patio alberga un horno pegado a un muro; y al fondo se encuentra el establo al que también se accede desde el exterior.

1. Elena y Aisa están sentadas bordando en el banco de la sala de estar.

2. En el zaguán. Elena abre la puerta de la calle. Aparece FÁTIMA, veinte años, su vecina, trayéndole una bandeja de dátiles.

3. En el patio. Elena espolvorea especias en un asado y lo introduce en el horno.

4. Gonzalo pasa del establo al patio donde le espera Elena. Van al encuentro uno del otro y se abrazan felices.

87. INT. CASA DE LA ALQUERÍA / SALA DE ESTAR – DÍA

Días más tarde. El dibujo del puente, hecho a tinta sobre un pergamino. La mano de Gonzalo lo retoca con una pluma. Está sentado en un taburete frente a la mesa de caballete por donde vemos su material de dibujo y rollos de pergamino. Deja la pluma, coge el dibujo en alto y lo observa, al tiempo que llama a Elena para enseñárselo.

GONZALO
¡Elena!

No contesta. Se vuelve hacia ella. Está sentada en el banco, llorando mientras cose una prenda. Gonzalo deja el dibujo, va a su lado y la abraza.

118

GONZALO
¡Cariño!

Ella apoya la cabeza en su pecho, pero sigue sin poder responder.

GONZALO
¿Qué te pasa?

Elena traga saliva para contener el llanto.

ELENA
No hago más que pensar en mi familia. No
saben nada de nosotros.

Extrae un pañuelo de la bocamanga y se seca las lágrimas.

GONZALO
Podemos hablar con Qasim. Él nos dirá qué
podemos hacer.

Elena asiente. Empezamos a OÍR el ZUREO de unas palomas.

88. INT. CASTILLO DE QASIM / PALOMAR - AMANECER

Una paloma mensajera. La sostiene la mano de Qasim. Seguimos
oyendo el ZUREO.

QASIM
El mejor de mis hombres tardaría casi una
semana. Ella llegará antes de que se ponga el
sol.

Se hallan en un palomar. Gonzalo y Elena observan la paloma que el
visir empieza a acariciar, mientras siguen escuchándolo.

> QASIM
> Es la más rápida, una atleta. Ni el mejor
> halcón podría interceptarla.

Los tres echan andar hacia una puerta.

89. EXT. CASTILLO DE QASIM / TERRAZA – A CONTINUACIÓN

Salen a la terraza del castillo y se dirigen hacia las almenas. Al fondo, el sol empieza a despegarse del horizonte.

> ELENA
> ¿Cuándo recibirán el mensaje?

Llegan a las almenas.

> QASIM
> Un amigo mío, de absoluta confianza, lo
> hará llegar mañana. Si tu familia quiere
> contestar, aguardará y nos responderán de la
> misma forma. En unos pocos días sabréis de
> ellos.

Qasim levanta sus brazos y suelta la paloma con solemnidad.

Elena mira esperanzada el ave.

Su P.D.V. La paloma surcando el cielo.

90. EXT. PLAZUELA - DÍA

UNA COMPAÑÍA DE SOLDADOS a pie aparece por la calleja. Los lugareños que cruzan por la plazuela se detienen para verlos pasar.

Cerca de la puerta de la casa de Elena, está el AMIGO DE QASIM, de pie junto a su caballo, mirando el paso de las tropas. Luego, dirige su mirada hacia la ventana de la primera planta.

91. INT. CASA DE ELENA / SALA DE ESTAR – DÍA

Las manos de Alfonso despliegan un rollito de papel. Vemos brevemente el texto que está escrito con caligrafía clara y letra menuda.

Alfonso lo lee bajo la expectante mirada de su madre.

> ALFONSO
> Estamos bien. El azar nos ha llevado a un reino moro cerca de Valencia. Elena está en tratamiento por un médico árabe. ¿Alguien sabe el motivo de nuestra marcha? No os olvidamos. Gonzalo y Elena.

Se miran con nostalgia.

92. EXT. ALQUERÍA / CALLE - DÍA

Principios de invierno. Las manos de un niño trenzan las filiformes hojas del esparto. Está sentado en el suelo junto a un burro de esparto a punto de terminarse. Es HISAM, diez años, aire simpático. Junto a él se hallan sus padres, HUDAYL, veintitantos años, y Fátima, trabajando también el esparto. Desperdigados por el suelo hay manojos de fibras, cuerdas, un capazo a medio acabar... De pronto, sus manos se paran.

> HISAM
> ¡Gonzalo!

Su P.D.V. Gonzalo se acerca a pie desde el otro extremo de la calle, llevando el caballo de las riendas. Es la calle principal de la alquería flanqueada por casas encaladas.

Hisam deja caer el esparto y corre hacia Gonzalo.

Mientras llega el niño, Gonzalo, sin detenerse, pregunta a una VECINA, sesenta años, que barre la hojarasca.

> GONZALO
> (en castellano)
> ¡Barrer!

> VECINA
> (en árabe)
> ¡Barrer!

> GONZALO
> (en árabe)
> ¡Barrer!

La mujer le asiente con una sonrisa. Pasa por la casa siguiente donde una mujer sacude una estera. Se cruza con DOS ADOLESCENTES que transportan unas calabazas de agua. Unas gallinas, que picotean por allí, se apartan al paso de todos. Llega Hisam.

> HISAM
> ¿Te lo llevo al establo?

> GONZALO
> Claro.

El niño coge las riendas, aligera el paso y se aleja, metiéndose en un callejón de la izquierda. Gonzalo sigue avanzando. Mira a la derecha, enfrente de su casa, donde un padre y su hijo, VECINO 1 y 2, construyen la suya con la técnica del tapial. El padre está de pie sobre el encofrado espolvoreando agua con unas ramas.

NOTA: EL DIÁLOGO ES EN ÁRABE, SIN SUBTÍTULOS.

> GONZALO
> ¿Qué tal?

> VECINO 1
> ¡Bien!

Tira las ramas a un lado, su hijo le da un pisón y empieza a atacar el mortero. Gonzalo pasa por la puerta de su casa, pero no entra, prosiguiendo hacia donde se hallan Hudayl y Fátima, cuya casa linda con la suya.

> HUDAYL
> En tu tierra, Hisam sería un buen escudero.

> GONZALO
> No te falta razón, Hudayl.

En ese momento, Hisam sale corriendo del callejón. Gonzalo, al verlo venir, extrae unas almendras de un bolsillo.

> HISAM
> ¡Ya está, Gonzalo!

Gonzalo le da las almendras. Hisam las coge y se come una. Gonzalo mira el burro de esparto.

> GONZALO
> ¿Cómo le llamarás?

Hisam lo mira pensativo unos instantes.

> HISAM
> ¡Babieca!

GONZALO
¿Babieca?... ¿Cómo el caballo de El Cid?,
pues yo creía que era un burro, tiene las
orejas muy grandes.

El niño se queda perplejo. Un momento después:

HISAM
(resuelto)
Pues se las haré más pequeñas.

Todos sonríen.

GONZALO
Me voy que Elena debe estar impaciente.

Da media vuelta, camino de su casa. Unos pasos después:

HISAM
¿Cuándo tendréis un hijo?

Gonzalo se vuelve hacia el niño.

GONZALO
(optimista)
Cuando se ponga buena.

Llega a su casa y abre la puerta.

93. INT. CASA DE LA ALQUERÍA / ZAGUÁN – A CONTINUACIÓN

Entra en el zaguán con la intención de ir a la sala de estar, pero se
detiene al oler algo apetitoso. Sonríe. Se dirige hacia la arcada que da
al patio.

94. EXT. CASA DE LA ALQUERÍA / PATIO – A CONTINUACIÓN

Pasa al patio y ve a Elena en el horno, metiendo una pala con pan.

> GONZALO
> ¡Mm!... ¡Desde fuera llega el olor!

Ella saca la pala, la deja a un lado y se vuelve hacia él con semblante triste.

> GONZALO
> ¿Qué te pasa?

> ELENA
> Ya sé por qué nos persiguieron...

Gonzalo se queda extrañado.

> ELENA
> El rey rompió la tregua antes de lo previsto. El día de nuestra partida, te mandó llamar para su mesnada, adelantándose a tu padre. Por lo visto quiso ser el primero en formarla... Te buscan por toda Castilla.

> GONZALO
> (indignado)
> Debieron pensar que lo sabía y que me fui para no coger las armas.

Elena continúa.

> ELENA
> Pero hay algo más... Alfonso dice que tu padre está destrozado. Cree que eres un cobarde y que faltaste a tu palabra.

                    GONZALO
                    Desertor, cobarde... ¡Qué más da! No quiero
                    saber nada de ellos, ni de mi padre.

SOBRE el rostro de Elena, mirando a través de él, pensativa.

95. EXT. ALQUERÍA / CALLEJÓN - AMANECER

Elena está en la entrada del establo y Gonzalo sobre su montura.

                    GONZALO
                    Si necesitas algo, llama a los vecinos.

                    ELENA
                    Sí, ya lo sé, no te preocupes... ¡Ve con
                    cuidado! ¡Te quiero!

Lo ve alejarse al trote.

96. INT. CASA DE LA ALQUERÍA / ESTABLO – A CONTINUACIÓN

Elena entra en el establo, cierra el portón y pasa al patio.

97. EXT. CASA DE LA ALQUERÍA / PATIO – A CONTINUACIÓN

Cruza el patio a paso rápido y se dirige hacia la puerta de la sala de estar.

98. INT. CASA DE LA ALQUERÍA / SALA DE ESTAR – A CONTINUACIÓN

Entra y va hacia la mesa de caballete. Aparta unos planos para hacer sitio, extrae de un bolsillo un trozo de papel como el del mensaje y lo coloca en la mesa manteniéndolo liso con una regla. Moja una pluma en un tintero...

Su mano escribe: "Querido hermano... ".

99. EXT. CASTILLO DE DON PEDRO / FACHADA - ANOCHECER

Sobre la fachada destacan unos ventanales iluminados.

100. INT. CASTILLO DE DON PEDRO / SALÓN - ANOCHECER

El rostro de don Pedro abatido, mirando el fuego de la chimenea. Está escuchando a:

> ALFONSO (O.S)
> ...y ella quiere que conozca toda la verdad y que sepa que su hijo no es ningún cobarde.

Silencio.

> DON PEDRO
> (volviéndose hacia Alfonso)
> Gracias por venir.

> ALFONSO
> De nada, pero agradézcaselo a doña Blanca por haber intercedido para que usted me recibiera.

Da media vuelta y sale del salón. Al instante, aparece Blanca, que debía de estar escuchando desde alguna pieza contigua.

> BLANCA
> ¡Ves, ya te lo dije! ¡Me dan náuseas que pensaras eso de tu hijo!

Don Pedro se vuelve irritado hacia ella.

> DON PEDRO
> ¡Yo no sabía que tenía lepra!

Blanca echa a andar hacia él.

> BLANCA
> ¡Ni yo tampoco!, pero lo último que pensaría es que fuera un cobarde... Y espero que guardes silencio.

Blanca ya está frente a él. Don Pedro se queda mirándola fijamente. Luego, su gesto se ablanda.

> DON PEDRO
> Jamás hubiera imaginado que por su amor...

> BLANCA
> (lo interrumpe)
> ¿Pero de qué te extrañas? Si hubieras tenido la oportunidad de salvar a tu mujer, habrías hecho cualquier cosa... ¡Si sois sangre de la misma sangre!

Don Pedro aparta la mirada, meditando sus palabras.

101. EXT. NORIA – PRIMERAS HORAS DE LA MAÑANA

Un día soleado y agradable de invierno. El agua desbordándose de los cangilones de una noria. Elena está sentada en el murete del canal, jugando con el agua, cogiéndola con la mano y dejándola caer. Al fondo, frente a una casa, UN GRUPO DE NIÑOS CON SU

PROFESOR sentados en el suelo recitan a coro fragmentos del Corán. Gonzalo aparece con una cantimplora en bandolera, coge a Elena de la mano y echan a andar hacia sus caballos que están en una arboleda.

GONZALO
¿Has pensado qué haremos si te curas?

ELENA
No sé...

GONZALO
En Castilla nadie sabe lo tuyo. Tú podrías volver.

ELENA
¿Y dejarte a ti?

Lo mira con un gesto de cariño, al tiempo que le pasa la mano por cintura y se pega a él.

ELENA
Mientras no se aclare todo, mejor seguiremos aquí, ¿no crees?

102. INT. CASA DE SAID / ZAGUÁN – MÁS TARDE

Una puerta cerrada. Desde dentro, oímos a Said dando gritos y voces (en árabe), como si estuviera maldiciendo a alguien. Gonzalo y Elena se hallan frente a la puerta, mirándose extrañados. Gonzalo la abre.

103. INT. CASA DE SAID / SALA – A CONTINUACIÓN

Entran en una sala donde ven una inesperada estampa. Said está en un artilugio similar a un potro de tortura: tendido boca arriba en una especie de camilla, con los brazos y piernas extendidas a lo largo, y unas ocho correas rodeándole, de las cuales tiran dos cuerdas con ojales en sentido contrario, que se enrollan en devanaderas a ambos extremos. Dos ayudantes giran los listones de madera que hay cruzados en sus ejes, tensando las cuerdas y estirando a Said[2]. Éste se percata de su llegada.

> SAID
> (en árabe, sin subtítulos; gruñón)
> ¡Venga! ¡Soltadme! ¡Maldita sea!

Los ayudantes aflojan las devanaderas y le desabrochan las correas. Said baja, da unos pasos inseguros y mueve el cuerpo para que todo vuelva a su sitio.

> SAID
> ¿Qué os parece? Me lo acaban de hacer. Es para enderezar las vértebras... Me gusta probar estas cosas antes de recomendarlo a mis pacientes.
> (señala una puerta)
> ¡Vamos para allá!

104. INT. CASA DE SAID / CONSULTA – POCO DESPUÉS

El rostro de Elena expectante, sobre el que oímos a:

> SAID (O.S)
> ¿Cuándo paraste de tomar el aceite?

> ELENA
> Debería haber terminado hace una semana, pero todavía estoy tomándolo. Esta vez lo tolero muy bien.

---

[2] Es un método para corregir las luxaciones vertebrales descrito por Avicena en su célebre *Canon*. Hay un grabado de este artilugio en una edición latina de 1608 que se encuentra en la Biblioteca de Historia de la Medicina de la Facultad de Medicina de la Universidad de Valencia.

Said está examinando el cuello de Elena, que está sentada en el taburete, bajo la atenta mirada de Gonzalo. Al oír su respuesta, Said lo mira con un gesto de sorpresa como preguntándole si él lo sabía. Gonzalo niega con la cabeza.

> SAID
> ¿Con la dosis máxima?

> ELENA
> Sí.

> SAID
> (enfadado)
> ¿Por qué lo has hecho? Te dije que era peligroso.

> ELENA
> Así tengo más posibilidades de curarme...
> Han sido solo unos días.

> SAID
> (enérgico)
> Bien... Pararás inmediatamente y no tentarás más a la suerte, ¿de acuerdo?

Elena aprieta los labios y asiente como una niña pillada en falta. Said los mira fijamente unos segundos para atraer su atención, cambiando el tono de voz, por uno condescendiente.

> SAID
> Entre el aceite de chaulmoogra, nuestros dioses respectivos y la tozudez de esta castellana...
> (la mira un momento)
> ...se ha conseguido. Las manchas han desaparecido.

Gonzalo y Elena se miran emocionados. Ella se pone en pie y lo abraza.

			ELENA
			Gonzalo...

Él cierra los ojos y respira hondo. A Elena le saltan unas lágrimas.

MANTENER.

Se separan. Gonzalo se dirige a Said con voz quebrada.

			GONZALO
			Anoche la miré mientras dormía y vi que aún
			tenía las manchas...

Deja la frase en el aire.

			SAID
			(con seguridad)
			Esas manchas son piel nueva.
			(a ella)
			No hay duda: estás curada.

			ELENA
			Gracias, Said.

			SAID
			(con una sonrisa)
			Ahora, tendréis que celebrarlo...

Los dos se sonríen con picardía cómplice que Said capta. Elena, que se ha dado cuenta de ello, trata de arreglarlo.

			ELENA
			Prepararé un buen asado para cuando venga
			del trabajo.

Todos ríen.

105. INT. CASA DE LA ALQUERÍA / ESTABLO – MEDIA TARDE

Gonzalo cierra silenciosamente el portón. Lleva un pequeño regalo y unos rollos de pergamino. Un caballo RELINCHA. Lo acaricia mientras dice un suave "chis".

106. EXT. CASA DE LA ALQUERÍA / PATIO – A CONTINUACIÓN

Sale al patio, mira hacia el horno humeante, buscando a Elena, pero ella no está. Llaman a la puerta de la calle. Se encamina hacia el zaguán.

107. INT. CASA DE LA ALQUERÍA / ZAGUÁN – A CONTINUACIÓN

Entra y abre la puerta: es Hisam, llevando en sus brazos un caballo de esparto, ya terminado.

> GONZALO
> (en voz baja)
> ¡Anda, pasa!

El niño entra. Gonzalo se lleva el índice a los labios y luego señala el regalo. El diálogo se desarrolla en voz baja.

> GONZALO
> Es una sorpresa... ¡No lo sabe!

> HISAM
> Me ha dicho que ya está curada...

GONZALO
(sonriéndole feliz)
Sí.

HISAM
(dándole el caballo)
Esto es para vuestro hijo... Porque lo tendréis
pronto, ¿no?

GONZALO
¡Claro!, en cuanto esté más fuerte.

Gonzalo deja los rollos y la cajita en una banqueta que hay por allí,
coge el caballo y lo mira. Tiene las orejas más cortas.

GONZALO
¡Esto, ya es un caballo!

Hisam lo mira orgulloso. Gonzalo deja el caballo en el suelo y le
abraza emocionado, cuando oímos a su madre llamándole.

FÁTIMA (O.S)
¡Hisam! ¡Hisam!

GONZALO
¡Te buscan! Yo se lo enseñaré a Elena.

HISAM
¡Adiós!

Hisam da media vuelta y sale corriendo.

GONZALO
(para sí)
¡Gracias, Hisam!

Cierra la puerta. Coge los rollos, la cajita y el caballo como puede, y
abre la puerta de la sala de estar.

108. INT. CASA DE LA ALQUERÍA / SALA DE ESTAR - A CONTINUACIÓN

Entra, va a la mesa de caballete, deja los rollos y se dirige a la alcoba con la cajita y el caballo, todo silenciosamente. Abre la puerta y se detiene en el umbral, dando un grito.

> GONZALO
> ¡No!

109. INT. CASA DE LA ALQUERÍA / ALCOBA – A CONTINUACIÓN

El rostro de Gonzalo horrorizado. Está mirando hacia el suelo donde Elena yace inmóvil con los ojos cerrados.

Deja lo que lleva a un lado, va hacia ella, se arrodilla y la coge entre sus brazos.

> GONZALO
> ¡Elena!... ¿Qué te pasa, cariño?...
> ¡Despierta!... ¡Vamos, despierta!

Ve que respira. La coge en brazos y la deja sobre la cama. Coge una manta que hay doblada a los pies, la tapa y se marcha apresuradamente, saliendo DE CUADRO.

Sobre la imagen de Elena, lo oímos alejarse.

110. INT. CASA DE LA ALQUERÍA / ALCOBA - ATARDECER

El mismo ángulo de Elena. Un momento después, se mueve ligeramente, abre los ojos y ve a Said que está sentado en el borde de la cama tomándole el pulso. De pie, Gonzalo y Fátima los miran. Elena habla con voz débil.

ELENA
¿Qué ha pasado?

Said le suelta la muñeca y se pone en pie. Se vuelve hacia Gonzalo y le echa una mirada, fuera de vista de ella, que dice: no es verdad, luego te explicaré. Enseguida, responde a Elena en un tono animoso.

SAID
Fue solo un desmayo... Aunque eres fuerte,
tu cuerpo sigue aún débil.

Gonzalo se sienta en la cama, le coge una mano entre las suyas y le habla, siguiendo la corriente a Said.

GONZALO
No ha sido nada, pronto estarás bien.

SAID
Guardarás reposo y esta vez...
(con una sonrisa comprensiva)
...me harás caso, ¿eh?

Ella asiente, cerrando brevemente los ojos.

SAID
¿Tienes sed?

ELENA
Sí, mucha.

SAID
(a Gonzalo y Fátima)
Podéis darle agua fría, pero a sorbos pequeños. Apenas mojarse los labios.
(a Elena)
Tu estómago está muy inflamado.

Said se dirige a la sala de estar, al tiempo que Gonzalo se levanta con la intención de ir con él.

> ELENA
> ¡Gonzalo!

Gonzalo se vuelve. Said espera junto a la puerta.

> GONZALO
> Sí.

> ELENA
> (con una amarga sonrisa)
> ¡El asado!

Gonzalo pone el gesto de habérsele olvidado. Fátima tercia.

> FÁTIMA
> No os preocupéis, ya lo saqué del horno.

> ELENA
> Gracias, Fátima.

Los dos salen de la alcoba.

111. INT. CASA DE LA ALQUERÍA / SALA DE ESTAR – A CONTINUACIÓN

Cruzan la sala de estar y salen al patio.

112. EXT. CASA DE LA ALQUERÍA / PATIO – A CONTINUACIÓN

Se dirigen hacia el otro lado del patio, deteniéndose en la arcada que da al zaguán. Dan un vistazo a los ventanucos de la alcoba, asegurándose de que no les oigan, y empiezan a hablar sin levantar la voz.

> SAID
> Está mal, peor de lo que te imaginas.

> GONZALO
> Pero habrá algún tratamiento...

> SAID
> (lo interrumpe)
> No, no lo hay.

> GONZALO
> No te entiendo, Said.

> SAID
> El desvanecimiento y las pulsaciones rápidas y débiles son señal de que ha perdido mucha sangre.

Gonzalo, incrédulo, recuerda.

> GONZALO
> Cuando me la encontré en el suelo, reconozco que pensé que estaba muerta, pero ahora la veo recuperada

Said niega con la cabeza.

SOBRE el rostro de Gonzalo, escuchando a Said. Cada palabra suya es como un mazazo.

> SAID (O.S.)
> En accidentes y en heridas de guerra taponamos con paños, damos carne cruda y el cuerpo pronto hace sangre. Pero ella tiene

una hemorragia interna. No podemos darle
nada.

Echan a andar despacio.

> GONZALO
> ¿Por qué?

> SAID
> Si le damos de comer, la bilis y los ácidos de
> la digestión abrirán aún más las llagas que le
> ha hecho el aceite, tendrá otra hemorragia y
> su corazón dejará de latir.

> GONZALO
> Entonces, ¿qué se puede hacer?

> SAID
> Esperar... Confiar en que las llagas se curen
> solas.

> GONZALO
> ¿Y cómo se sabe eso?

> SAID
> Por el pulso. Irá más lento y con más fuerza.

Detienen sus pasos.

> GONZALO
> ¿Qué posibilidades tiene de superarlo?

> SAID
> Pocas... muy pocas. Hasta que cicatrice el
> estómago, suponiendo que no lo tenga
> demasiado dañado, las arterias seguirán
> manando sangre... Y ella ya ha perdido
> mucha. Siento tener que decírtelo.

GONZALO
¿Y cómo sabremos que...?

Said entiende la pregunta y le responde inmediatamente, no dejándole terminar de formularla.

SAID
Las fiebres... Las fiebres serán el signo de que el final se acerca.

GONZALO
Tan avanzada como está tu medicina, ¿me dices que solo se le puede calmar la sed y confiar en un milagro?

SAID
Somos los mejores médicos del mundo, pero todavía desconocemos muchas cosas del ser humano.

SOBRE el rostro de Gonzalo, mirando a través de él, con los ojos vidriosos.

GONZALO
¿Y qué puedo hacer yo por ella?

SAID (O.S.)
Has de comportarte como siempre. Irás al trabajo como todos los días, aunque tu deseo sea estar con ella. Fátima podrá hacerle compañía. En casa harás vida normal, bromearás, todo para no preocuparla.

GONZALO
¿Pero cómo voy a dejarla, si puede...?

Said le interrumpe mirándole fijamente a los ojos.

SAID
Eso que piensas no sucederá los primeros
días... Será duro para ti, pero es lo único que
podemos hacer por ella.

Gonzalo mira un momento hacia la alcoba.

GONZALO
¿Sufrirá mucho?

SAID

De momento no. Estará en un estado de
placidez y pasará mucho tiempo
somnolienta. Pero si sigue sangrando,
después de las fiebres vendrán las
convulsiones y...

Said termina la frase negando con la cabeza, dando a entender lo
peor.

GONZALO
Said, sé que haces todo lo que puedes, pero
si te viene a la mente alguna posibilidad, por
remota que sea, no dudes en decírmela.

SAID
Así lo haré, pero no te engañes. Debes
aceptar la realidad.

113. INT. CASA DE LA ALQUERÍA / ALCOBA - NOCHE

Gonzalo está sentado en el borde de la cama acariciando la mano a
Elena. Sobre la mesilla de noche hay una jarra con agua, un vaso y
un candelero encendido.

ELENA
Por poco lo echo todo a perder.

GONZALO
(con humor)
¿Solo por poco?

ELENA
Si estás enfadado conmigo...
(esboza una sonrisa)
...prepárate que aún lo vas a estar más.

Gira la cabeza hacia la mesilla de noche. La punta de un papel asoma por debajo del candelero.

ELENA
Coge eso.

Gonzalo levanta el candelero. Es un mensaje de paloma mensajera. Lo coge y lo empieza a leer a la luz del candelero.

GONZALO
"Querida Elena, hice todo lo que me dijiste. Don Pedro ya sabe que tomasteis la decisión antes de la llamada del Rey. Os queremos. Alfonso".

Gonzalo la mira con enfado contenido.

GONZALO
¿Por qué lo has hecho?

ELENA
Quería limpiar tu nombre.

GONZALO
Me trae sin cuidado lo que piensen.

ELENA
(enérgica)

Pero a mí no... No podía permitir que
pagaras con tu reputación tu amor por mí.

GONZALO
¿Le habló de tu enfermedad?

Elena afirma con la cabeza.

ELENA
Era la única forma de que entendiera por qué
nos fuimos.

GONZALO
Confías mucho en mi padre.

ELENA
Estoy segura de que no hablará, eres su hijo.

GONZALO
(con desdén)
¡Je!... Su hijo...

ELENA
(conciliadora)
Gonzalo, no hables así.

GONZALO
No lo conoces...

ELENA
Es tu padre, él te quiere.

GONZALO
¿Me quiere?

Elena empieza a sentirse mal. Cierra los ojos y respira hondo.
Gonzalo, sintiéndose culpable al creer que la discusión la ha puesto
así, le coge la mano afectado.

GONZALO
Lo siento cariño.

Un momento después, Elena se recupera y abre los ojos.

ELENA
Ya está, no te preocupes.

Señala con la mirada el vaso de la mesilla.

ELENA
¿Me lo acercas?

Gonzalo se lo lleva a los labios, ella da unos sorbos y, luego, lo deja donde estaba.

GONZALO
¿Te encuentras mejor?

ELENA
No es nada, ya estoy bien... ¡Anda, ve y come algo!

Gonzalo se queda parado. Es evidente que no tiene apetito y que prefiere permanecer con ella. Elena insiste.

ELENA
¡Vamos, que no me voy a ir de aquí!

Tras un instante de duda, asiente (al recordar las palabras del médico).

GONZALO
Ahora vuelvo.

Le da un beso y sale de la alcoba.

114. EXT. BARRANCO - DÍA

Un par de días después. Gonzalo, con semblante serio, y el capataz suben por un sendero de la ladera del barranco. Al fondo, se divisa el puente casi terminado.

NOTA: EL CAPATAZ CHAPURREA EL CASTELLANO.

> CAPATAZ
> Y los cristianos, ¿por qué solo podéis tener una mujer?

Gonzalo tarda unos momentos en responder.

> GONZALO
> Pues... no sé.

> CAPATAZ
> (burlón)
> ¿Acaso no podéis mantenerlas?

El capataz suelta una carcajada. Gonzalo fuerza una sonrisa. Llegan arriba, se detienen y dirigen su mirada hacia el puente, donde los albañiles rematan los últimos trabajos.

Gonzalo, con expresión melancólica, contempla su obra.

115. EXT. ALQUERÍA / CALLE - ATARDECER

Gonzalo llega a la alquería caminando, seguido por su caballo. Va abatido, abstraído en sus pensamientos.

Su P.D.V. - EN MOVIMIENTO. Se cruza con la vecina y entra en el callejón bajo la mirada del padre y el hijo que están encalando su casa. Todos parecen moverse a CÁMARA LENTA y lo miran con una expresión que revela que saben lo de Elena. Le saludan o le dicen algo, pero solo OÍMOS sus VOCES LEJANAS Y DISTORSIONADAS.

Se dirige al establo y abre el portón.

116. INT. CASA DE LA ALQUERÍA / ESTABLO – A CONTINUACIÓN

Entra, deja el caballo, cierra el portón y sale al patio.

117. EXT. CASA DE LA ALQUERÍA / PATIO – A CONTINUACIÓN

Cruza el patio y se dirige a la sala de estar.

118. INT. CASA DE LA ALQUERÍA / SALA DE ESTAR – A CONTINUACIÓN

Entra. La expresión de abatimiento empieza a desaparecer de su rostro. Se dirige a la alcoba y abre la puerta.

119. INT. CASA DE LA ALQUERÍA / ALCOBA – A CONTINUACIÓN

Elena está pálida y sudorosa, con un pañuelo humedecido plegado sobre la frente. A su lado, se encuentra Fátima arrodillada en el suelo, junto a una jofaina con agua. Gonzalo va hacia la cama, al tiempo que Fátima le retira el pañuelo, lo deja en la jofaina y se pone en pie.

> GONZALO
> ¿Cómo estás?

                    ELENA
                    (con voz débil)
                    Tengo calentura.

Gonzalo se estremece mientras le da un beso. Luego, se dirige a
Fátima, forzando un tono animoso.

                    GONZALO
                    Vete que ya es tarde, tú también estarás
                    cansada. Muchas gracias.

                    FÁTIMA
                    (a Gonzalo)
                    Mañana vendré como hoy, antes de que te
                    vayas.
                    (a Elena)
                    Que pases una buena noche, Elena.

                    ELENA
                    Gracias, Fátima.

                    GONZALO
                    Hasta mañana.

Fátima sale de la alcoba.

Gonzalo se sienta en el borde de la cama y le coge una mano a Elena.

                    ELENA
                    ¿Qué tal va el puente?

                    GONZALO
                    Ya está casi acabado.

                    ELENA
                    Qasim y Aisa han venido para invitarnos a
                    cenar al castillo. No sabían nada de lo mío.

Se sostienen la mirada durante unos momentos.

>   ELENA
>   ¿Crees que me pondré bien?

>   GONZALO
>   Pues claro que sí, cariño...

>   ELENA
>   Me siento tan mal...

>   GONZALO
>   Es normal, hace poco del mareo. ¡Venga,
>   ahora descansa!

Ella asiente y cierra los ojos.

120. INT. CASA DE LA ALQUERÍA / ALCOBA – AMANECER

La mañana siguiente. El rostro de Elena durmiendo en la misma posición. Gonzalo está acostado a su lado, dándole los rayos del sol en la cara. Abre los ojos y mira a Elena. Se levanta con cuidado para no despertarla y sale del cuarto.

121. INT. CASA DE LA ALQUERÍA / SALA DE ESTAR – A CONTINUACIÓN

Entra, justo cuando OÍMOS unos CABALLOS acercándose. Se detiene, aguzando el oído. OÍMOS unos RELINCHOS y DESMONTAR a unos jinetes. Cruza la sala en dirección al zaguán.

122. INT. CASA DE LA ALQUERÍA / ZAGUÁN – A CONTINUACIÓN

Pasa al zaguán y abre la puerta de la calle. Son los guerreros 1 y 2.

> GUERRERO 2
> Don Gonzalo, hay alguien que le busca.

Los guerreros miran a un lado, fuera de campo.

123. EXT. ALQUERÍA / CALLE – A CONTINUACIÓN

Gonzalo sale y dirige su mirada hacia donde le indican. Ve a su padre con gesto serio.

El rostro atónito de Gonzalo.

Los dos tienen los ojos clavados, el uno en el otro.

Los guerreros los observan, expectantes. Después de unos segundos, Gonzalo se dirige a ellos.

> GONZALO
> Es mi padre.

> GUERRERO 2
> Si necesita alguna cosa, nos lo hace saber.

> GONZALO
> Gracias, así lo haré.

Los soldados montan y parten. Padre e hijo se sostienen la mirada.

> GONZALO
> Esto, sí que es una sorpresa.

A don Pedro le descubrimos su cara amable.

DON PEDRO
Veo que donde vas, eres apreciado.

GONZALO
Menos en las tierras de donde tú vienes.

Don Pedro va hacia Gonzalo. Éste permanece sin moverse.

DON PEDRO
Hijo, sabes que eso no es cierto. Todos te
hemos echado de menos.

Se detiene frente él. Gonzalo no dice nada.

DON PEDRO
¿Puedo abrazarte?

Tras unos instantes de duda, Gonzalo asiente. Don Pedro lo estrecha
entre sus brazos, pero él no le corresponde.

DON PEDRO
Nada más llegar de la campaña militar, supe
la verdad... ¡Dios, qué necio! Espero que
algún día me perdones.

Don Pedro le suelta y prosigue con su explicación.

DON PEDRO
Fui a ver al rey y le dije que os fuisteis por
culpa mía y que no sabías nada de sus
planes. En ningún momento, le mencioné el
verdadero motivo de vuestra marcha... Lo
comprendió todo y enseguida levantó la
orden que había contra ti.

GONZALO
Gracias padre. No solo por mí, sino también
por Elena.

DON PEDRO
¿Es verdad que está en tratamiento por un
médico moro?

GONZALO
Sí.

DON PEDRO
¿Cómo le va?

GONZALO
La lepra ha desaparecido, pero ha tenido
complicaciones.

DON PEDRO
¿Qué quieres decir?

GONZALO
Tuvo una hemorragia interna. El médico dice
que esos sangrados son difíciles de parar...
Ella cree que fue tan solo un mareo.

DON PEDRO
¿Puedo verla?

Gonzalo le hace una seña con la mano para que entre.

GONZALO
La dejé dormida, pero debe de estar ya
despierta.

Pasan a la casa.

124. INT. CASA DE LA ALQUERÍA / ALCOBA – POCO DESPUÉS

Elena, pese a su deteriorado aspecto, irradia felicidad por la inesperada visita. Gonzalo observa la conversación de los dos.

> DON PEDRO
> Siento haberte conocido en estas circunstancias y haberme comportado así con vosotros.

> ELENA
> No se lamente más, don Pedro. Está usted aquí y eso es lo que importa.

> DON PEDRO
> Gracias a ti, no he perdido a un hijo.

> ELENA
> Y gracias a usted, él tampoco a un padre.

Don Pedro le da un beso en la frente. Gonzalo tiene un nudo en la garganta.

Silencio.

> ELENA
> Gonzalo, acompáñale a su cuarto y prepárale alguna cosa para comer.

Gonzalo asiente.

> GONZALO
> ¡Vamos, padre!

Salen los dos.

125. EXT. CASA DE LA ALQUERÍA / PATIO – POCO DESPUÉS

Gonzalo y don Pedro se hallan en el lado contrario del patio a donde da la alcoba. El diálogo es sin alzar la voz.

> GONZALO
> (afligido)
> Debo seguir haciendo vida normal, pero no sé cuanto podré aguantar así.

Su padre le pone la mano en el hombro.

> DON PEDRO
> Resiste, hijo. Ella ahora te necesita más que nunca.

Gonzalo asiente.

126. EXT. NORIA – DÍA

A media mañana del mismo día. Gonzalo esta sentado en el murete dejando el agua caer de su mano, tal como hacía Elena. OÍMOS CANTAR a los niños de la escuela.

127. EXT. CAMINO Y CALA – MÁS TARDE

Cabalga lentamente por un camino. Se detiene en un recodo y contempla la cala donde pasaron una jornada inolvidable.

128. EXT. CALA – POCO DESPUÉS

Bordea la orilla a pie. Unos metros más adelante, se para y dirige su mirada al mar, por donde Alí sacó la ánfora. Después se vuelve hacia...

Su P.D.V. El lugar donde comieron. En su mente resuenan las risas y los aplausos cuando él recibía las primeras lecciones de árabe.

Tiene los ojos llorosos.

129. EXT. CASA DE LA ALQUERÍA / CALLE – ATARDECER

Horas después. Gonzalo, Qasim y Aisa se hallan frente a la puerta de la casa. MEDIA DOCENA DE GUERREROS aguardan junto a sus caballos.

> QASIM
> Haznos llamar si necesitáis algo.

> GONZALO
> Así lo haré.

El visir y su mujer se dirigen a sus cabalgaduras.

> GONZALO
> Gracias por venir.

Montan todos y se alejan. Gonzalo vuelve a su casa y, cuando va a entrar, OYE los CASCOS de otros caballos procedentes del otro extremo de la calle. Mira hacia allí y ve a dos jinetes acercándose. Se detienen frente a él y desmontan rápidamente. Son Said y AHMAN, sesenta años, aire decidido. Said se dirige a Gonzalo, hablando apresuradamente.

> SAID
> Yo tampoco soy persona que se rinda fácil. Al poco de dejarte el otro día, me acordé de un médico de órganos internos que conocí en el Reino de Murcia. Mandé una paloma a un amigo para que lo buscara y aquí lo tenemos.

Said los presenta.

> SAID
> Gonzalo... Ahman, discípulo del gran
> Averroes.

Ahman inclina ligeramente el tronco y se lleva la mano derecha al pecho. Gonzalo le corresponde igual.

NOTA: AHMAN HABLA CASTELLANO.

> AHMAN
> ¿Sigue con las fiebres?

> GONZALO
> Sí.

> SAID
> La hemorragia debe haber sido mayor de la
> que estimé al principio.

> AHMAN
> Que tenga fiebre, no quiere decir que ahora
> esté sangrando. Como ha estado varios días
> en ayunas, puede que no haya recuperado las
> pérdidas y por eso le suba la temperatura.

> GONZALO
> Pero si no estamos seguros, no podemos
> darle alimento.

Mira a Said, esperando que confirme sus palabras.

> SAID
> Sí, ese es el dilema.

> AHMAN
> ¡Hay un modo!

Gonzalo y Said lo miran sorprendidos.

> AHMAN
> Antes de partir, se me ocurrió una idea...

En ese momento, DOS CAMPESINOS con sus asnos cargados de verduras se acercan por la calle hacia ellos. Gonzalo hace una seña a Ahman para que no continúe.

> GONZALO
> Dentro estaremos más tranquilos.

130. EXT. CASA DE LA ALQUERÍA / PATIO – POCO DESPUÉS

Se hallan junto a la arcada del zaguán. Ahman habla entusiasmado.

> AHMAN
> Es una sonda de las que se usan para los que no pueden tragar por la parálisis. Pero no sería para darle de comer, sería para ver si sigue sangrando... Y si ha parado, entonces ya podríamos darle comida sin peligro

Gonzalo asiente con un gesto, aunque no parece comprenderlo del todo.

> AHMAN
> Mañana veremos si estoy en lo cierto.

> SAID
> Pero antes tendrá que superar la noche...

Deja la frase en el aire, mirando a Ahman.

> AHMAN
> Sí, hay un mal aspecto astrológico.

			SAID
			Luna llena...
			(a Gonzalo)
			Sabía que se acercaba este momento, pero no
			quise decirte nada.

Se cruzan miradas de preocupación. Tras unos instantes de silencio:

			AHMAN
			¿Sabe ella lo que le pasa?

			GONZALO
			No.

			AHMAN
			Creo que es el momento de decírselo y
			explicarle lo que le vamos a hacer...

			SAID
			Y tú Gonzalo no olvides que sigue siendo un
			último intento.

Said mira a Ahman y éste asiente. Luego, se dirige de nuevo a
Gonzalo.

			SAID
			Debes estar preparado para lo peor.

Gonzalo afirma con la cabeza.

131. INT. CASA DE LA ALQUERÍA / ALCOBA – POCO DESPUÉS

Ahman eleva las piernas de Elena y las coloca sobre una almohada
que Fátima pone debajo.

                    AHMAN
                    Hace más falta sangre en el corazón que en
                    las piernas.
                    (a Fátima)
                    Descúbrele el vientre, por favor.

Además de Elena, Fátima y Ahman, se hallan Said, Gonzalo y don
Pedro observando.

                    DON PEDRO
                    Yo esperaré fuera.

Sale de la alcoba. Fátima retira el vestido de Elena y deja al
descubierto el abdomen. Ahman coge una compresa de la jofaina, la
escurre y se la pone sobre la piel.

                    ELENA
                    (quejándose con una sonrisa)
                    ¡Está muy fría!

                    AHMAN
                    Eso te ayudará a que coagule la sangre.

Ahman se dirige a Gonzalo y Fátima.

                    AHMAN
                    Cuando se calienten, las cambiáis, y de vez
                    en cuando hacéis compresión con la mano.

Gonzalo y Fátima asienten con la cabeza.

                    SAID
                    (A Elena)
                    Mañana temprano estaremos aquí.

                    ELENA
                    Gracias, por todo lo que estáis haciendo por
                    mí.

Los médicos salen de la alcoba.

132. EXT. ALQUERÍA / CALLE – NOCHE

Noche avanzada. La luna llena sobre la casa.

133. EXT. CASA DE LA ALQUERÍA / PATIO – NOCHE

Las ventanas de la sala de estar dejan escapar la tenue luminosidad de los candeleros. Una figura cruza la sala con dirección a la alcoba...

134. INT. CASA DE LA ALQUERÍA / SALA DE ESTAR Y ALCOBA - A CONTINUACIÓN

Es don Pedro. Llega a la puerta de la alcoba y llama suavemente. Abre Gonzalo. En el interior, vemos brevemente las manos de Fátima poniendo una compresa sobre el vientre de Elena. Gonzalo sale cerrando la puerta. El diálogo que sigue es en voz baja.

> DON PEDRO
> ¿Cómo está?

Gonzalo niega apesadumbrado con la cabeza.

> GONZALO
> Muy mal.

> DON PEDRO
> ¡Sé fuerte, hijo! ¡Vamos! ¡Tienes que serlo!

Se quedan mirándose. Tras unos instantes, Gonzalo lo abraza.

MANTENER.

Se separan. Gonzalo vuelve a la alcoba y abre la puerta.

135. INT. CASA DE LA ALQUERÍA / ALCOBA – A CONTINUACIÓN

Elena muestra un aspecto más demacrado que días anteriores: palidez extrema, sudorosa, pómulos pronunciados y mejillas hundidas. Está con los ojos entornados, respira rápidamente, delira y mueve la cabeza inquieta. Tiene un pañuelo plegado sobre la frente y la compresa sobre el abdomen. Fátima la observa apenada. Gonzalo va a la mesilla de noche, coge la jarra y sirve un poco de agua en el vaso.

> GONZALO
> Toma, cariño.

Elena abre los ojos y deja de mover la cabeza.

> ELENA
> (con un hilo de voz)
> Gonzalo...

Gonzalo le quita con delicadeza el pañuelo de la frente, le levanta un poco la cabeza y le acerca el vaso a los labios. Elena da un sorbo.

> GONZALO
> Venga, un poco más...

Ella da otro sorbo. Gonzalo le acomoda la cabeza sobre la almohada y deja el vaso en la mesilla. Elena cierra los ojos.

> GONZALO
> (a Fátima)
> Deberías irte a casa. Si te necesitamos, mi padre te llamará.

> FÁTIMA
> Hace tiempo que no le hacemos la compresión.

GONZALO
Bien, yo se la haré.

Fátima sale de la alcoba. Gonzalo se sienta en la cama, le retira la compresa y comprime el vientre. Su expresión revela que hace un esfuerzo por mantener la entereza. Mira a Elena: su rostro está empapado en sudor. Para de comprimir y se lo seca con un pañuelo que hay por allí. Ella abre los ojos.

ELENA
Esto es el fin.

Gonzalo deja el pañuelo a un lado y le aprieta la mano entre las suyas.

GONZALO
No, ya verás cómo superas esto también.

ELENA
No, esta vez no. Siento cómo se me va la vida.
(las primeras lágrimas resbalan por su cara)
Todos nuestros sueños...

Gonzalo empieza a desmoronarse.

GONZALO
No digas eso.

Elena aprieta los labios y niega con la cabeza. Después, lo mira fijamente a los ojos, con una sonrisa triste.

ELENA
Has sido un buen novio.

Gonzalo rompe a llorar

GONZALO
Amor mío...

La abraza y apoya la cabeza en su pecho.

MANTENER.

El ÁNGULO SOBRE la pareja pasa lentamente a ÁNGULO SOBRE el candelero de la mesilla de noche.

SERIE DE SUCESIVAS IMÁGENES del candelero, consumiéndose a lo largo de la noche. En la última, la alcoba empieza a recibir la claridad del alba.

136. INT. CASA DE LA ALQUERÍA / ALCOBA – DÍA

Un destello deslumbrante... Es el sol reflejando en un pequeño espejo... Seguimos el rayo de luz... Ilumina el interior de una boca... Es Elena, que se encuentra tendida de espaldas sobre la cama, con el cuello en hiperextensión y la cabeza colgando del borde.

El extremo romo de un tubito de plata avanza lentamente por el aire... en dirección a su cara.

El tubito, de unos setenta centímetros, es dirigido con pulso firme por las manos de Ahman, que está arrodillado frente a la cabeza de Elena. Detrás de él, Said sujeta el espejo que refleja el sol que entra por un ventanuco. Sentado en el suelo, Gonzalo coge la mano de Elena entre las suyas. De pie, Fátima sostiene una jofaina.

El extremo del tubito se aproxima a la boca... Se detiene en la abertura de los labios.

La expresión de concentración de Ahman.

AHMAN
¿Preparada?

Elena asiente con un leve gesto.

El tubito penetra lentamente en la boca... Unos diez centímetros más adentro se detiene de nuevo.

> AHMAN (O.S.)
> Ahora, traga.

El tubito se mete un poco... Elena tiene unas arcada.

> AHMAN (O.S.)
> Tranquila, esto es lo peor.

La expresión de sufrimiento de Elena.

Ahman continúa introduciendo el tubito.

> AHMAN
> Eso es... Muy bien... Ya está, ya está... Eres
> muy valiente.

Gonzalo aprieta la mano de Elena entre las suyas.

> GONZALO
> Ya queda poco, cariño.

Elena, con el rostro medio abotargado, gira un momento sus ojos hacia él.

Ahman detiene el avance del tubito, tras haberlo introducido unos cuarenta centímetros. Relaja ligeramente su expresión de concentración y sin apartar la vista del tubito:

> AHMAN
> ¡Venga, traed eso!

Fátima coloca la jofaina al final del tubito, sosteniéndola en el aire.

                AHMAN
                Bien...

Las manos de Gonzalo y Elena.

Los gestos de tensión de todos dirigiendo sus miradas hacia:

EL EXTREMO DEL TUBITO Y LA JOFAINA. Las manos de
Ahman bajan un poco el extremo del tubito para hacer más declive.
Fátima lo sigue con la jofaina. Después de unos interminables
segundos, aparece un líquido acuoso por el tubito cayendo en la
jofaina...

                AHMAN (O.S)
                Agua...

                Luego un líquido amarillento mezclado con
                unos pequeños coágulos...

                AHMAN (O.S)
                Bilis... Coágulos antiguos...

                Vuelve a salir el líquido acuoso...

                AHMAN (O.S)
                ¡Nada! ¡Nada!..

Sigue apareciendo el líquido acuoso pero en menor cantidad, hasta
que llega un momento en que no sale nada.

                AHMAN (O.S)
                (emocionado)
                ¡No hay sangre! ¡No hay sangre!

Los gestos de alegría de Gonzalo, Fátima, Said y Ahman.

Elena emite un sonido gutural, mueve los ojos a un lado y a otro,
mostrando su incomodidad. Ahman se percata de ello.

AHMAN
¡Espera, que ya te lo quito!

Fátima deja la jofaina en el suelo y se retira para hacer sitio a Ahman. Éste empieza a extraer suavemente el tubito.

AHMAN
Despacio, despacio. Enseguida respirarás mejor, tranquila... Muy bien...
(saca el tubito)
Ahora ya podrás comer algo y pronto se te irá la fiebre.

Elena se incorpora y tose varias veces aclarándose la garganta. Gonzalo se sienta en la cama y la abraza.

GONZALO
(muy emocionado)
Elena, Elena...

Fátima llora mientras contempla a la pareja.

Ahman y Said se felicitan cogiéndose de los antebrazos, al tiempo que se dicen algo en su idioma.

La puerta de la alcoba cerrada. Desde el otro lado, alguien golpea tímidamente... Unos momentos después, la puerta se abre... Es don Pedro con un gesto de extrañeza que enseguida se transforma en inmensa alegría al comprender todo. Mira a la pareja que sigue fundida en un largo abrazo. Se le acerca y los rodea con sus brazos.

DON PEDRO
¡Gracias a Dios!

MANTENER sobre los tres.

137. EXT. ALQUERÍA / CALLE – AMANECER

Poco tiempo después (ya recuperada Elena), a principios de la primavera. Gonzalo, Elena y don Pedro montan en sus cabalgaduras, seguidos de una mula cargada con sus pertenencias, y parten. Qasim, Aisa, Alí, Said, Hudayl, Fátima y Hisam les despiden con la mano.

138. EXT. BARRANCO - DÍA

Los tres cruzan el puente.

139. EXT. MONTAÑA Y CASTILLO DE QASIM – DÍA

Avanzan por el camino por donde llegaron al castillo tras ser apresados. Gonzalo y Elena se detienen y echan la vista atrás para contemplar con nostalgia el castillo de Qasim. Retoman la marcha.

140. EXT. CAMPOS DE CEREALES – DÍA

Dos semanas más tarde. Gonzalo se acerca hasta quedar en primer término. Cierra los ojos y respira hondo, tal como lo vimos al principio de la historia. Unos momentos después, abre los ojos y ve los verdes trigales. Luego, mira Elena y a su padre. Los tres sonríen.

141. INT. CASA DE ELENA / SALA DE ESTAR – DÍA

Los abrazos de Gonzalo y Elena con Elvira, Alfonso y Juan.

142. EXT. EXPLANADA DEL CASTILLO DE DON PEDRO – DÍA

Han transcurrido unos meses, a mediados de verano. El banquete de bodas en la explanada del castillo. Nuestra pareja baila al son de UN

GRUPO DE MÚSICOS, bajo la feliz mirada de sus familias respectivas y de MEDIO CENTENAR DE INVITADOS, entre ellos sus amigos Martín y Rodrigo...

143. EXT. CASERÓN DE LA PAREJA / FACHADA – DÍA

Gonzalo llega a caballo a su casa. Desmonta y se encamina hacia la entrada.

Leemos en sobreimpresión:

POCOS MESES DESPUÉS...

Va silbando, se le ve contento. Llega al portón donde está clavada la tabla que le hizo Juan en su día en la que pone: GONZALO ARQUITECTO. Empuja el portón.

144. INT. CASERÓN DE LA PAREJA / VESTÍBULO Y SALÓN – A CONTINUACIÓN

Entra en el vestíbulo y pasa al salón. Mira a un lado y a otro, buscando a Elena, pero no la ve. Se dirige hacia una puerta y la abre.

145. INT. CASERÓN DE LA PAREJA / ALCOBA – A CONTINUACIÓN

Entra en la alcoba. Elena está sentada en el borde de la cama con arcadas y sosteniendo una jofaina.

SOBRE Gonzalo. La alegría desaparece de su rostro. Casi podemos adivinar lo que pasa por su mente: ha vuelto a caer enferma. Después de unos instantes de duda, se sienta junto a ella en la cama.

                    GONZALO
                    (desolado)
                    Cariño, ¿qué te pasa?

Ella se recupera, deja la jofaina en el suelo y se seca los labios con
un pañuelo. Gonzalo le pasa el brazo por los hombros y la mira sin
saber qué decir. Elena coge aire y le sonríe con malicia. Él retira el
brazo desconcertado. Ella gira su cabeza hacia un lado de la alcoba.
Gonzalo también mira hacia allí y ve:

                    EL CABALLO DE ESPARTO.

Gonzalo no reacciona. La mira con cara de bobo. Ella rompe a reír y
le da un beso en los labios. De pronto, él cae en la cuenta. Su
expresión cambia, haciéndose transparentes sus pensamientos:
¿estará esperando un bebé? Gonzalo, bloqueado por la emoción, solo
puede decir un simple monosílabo.

                    GONZALO
                    ¡¿Sí!?

Elena le asiente con una maravillosa sonrisa. Ahora es ella quien no
puede articular palabras. Se funden en un largo abrazo.

El ÁNGULO SOBRE la pareja pasa lentamente, saliendo ellos DE
CUADRO, a ÁNGULO SOBRE el CABALLO DE ESPARTO.

MANTENER.

                    FIN

BREVE MEMORIA

Cerca de donde resido, al norte de la provincia de Alicante, se encuentra el Sanatorio de Fontilles (la última leprosería de Europa) y cuya sede es referencia mundial en el estudio y tratamiento de la lepra. Hace unos años, asistí a una conferencia impartida por su director, José Ramón Gómez Echevarría, que versaba sobre la Historia de esta enfermedad. Atrajo mi atención la diferente actitud que se mostró en la Hispania cristiana y la árabe hacia los enfermos. Así que éste fue el tema de un artículo que publiqué en los diarios "Información" de Alicante y "Levante" de Valencia como colaborador habitual. Tiempo después, esta idea fue el germen del presente guion.

La historia se encuadra dentro del género de aventuras con todo lo que implica esta modalidad cinematográfica; pero también pertenece al género romántico, en realidad, *El caballo de esparto* es, ante todo, una historia de amor con momentos emotivos y dramáticos, salpicados de humor.

Por otro lado, tiene un marcado componente histórico, pues el argumento se apoya en un momento clave de la Reconquista, apareciendo sucesos y personajes que impulsan su desarrollo. De ahí procede, sin duda, otra lectura importante que nos proporciona la acción. Pese a desarrollarse hace casi ocho siglos, es más actual que nunca. La confrontación entre las civilizaciones cristiana y musulmana que se manifiesta a lo largo del argumento, contrasta con el tono conciliador de sus personajes.

Asimismo, no pasa desapercibido las connotaciones en cuanto a los prejuicios que la sociedad de cada tiempo mantiene ante determinadas enfermedades: lepra entonces (aún permanece hoy día su halo de enfermedad "maldita") y el SIDA en la actualidad.

Si tuviéramos que definir el tema de la historia, podría ser tanto "La fuerza del amor vence todos los obstáculos" como "La convivencia de concepciones culturales y religiosas diferentes".

AGRADECIMIENTOS

Ante todo quiero darle las gracias a mi querida esposa Paqui por su constante apoyo y sus numerosas aportaciones en los más diversos aspectos del guion. También debo agradecer a mi hermano Ramón y a mi amigo Francisco Sánchez Guirado sus perspicaces observaciones sobre el texto. Además, he contado con la desinteresada colaboración de otras muchas personas. Ximo Bolufer, director del Museo Arqueológico de Jávea y su ayudante Joan Miquel Cardona por su asesoramiento sobre las alquerías valencianas y la vida cotidiana musulmana. También, Marta Negro, directora del Museo de Burgos, me ha aportado numerosa información sobre la ciudad de Burgos del siglo XIII y los inicios de la construcción de su catedral. Deseo expresar, asimismo, mi gratitud a Josep Lluís Barona, Catedrático de Historia de la Ciencia de la Universidad de Valencia por su deferencia al permitirme consultar la biblioteca de libros antiguos e incunables de la Facultad de Medicina. Una ayuda inestimable ha representado el mencionado Dr. Gómez Echevarría por facilitarme el acceso a la biblioteca de Fontilles y su asesoramiento sobre la lepra, así como por sus correcciones profesionales al manuscrito. Todo lo relativo a la técnica de la gastroscopia se lo debo a los Dres. Zaragosí de Valencia. Adentrarme en el fascinante mundo de las palomas mensajeras corresponde a la entusiasta contribución de Pepe Pérez Torres. Por último, quiero expresar mi agradecimiento al director de cine José Luis García Sánchez por sus valiosos consejos tras conocer el primer borrador y al escritor de novela histórica José Luis Corral por haber leído el guion y mostrar su ofrecimiento de colaborar si el proyecto cinematográfico se lleva adelante.